金山寺

Jinshansi

滕建锋 著

江苏凤凰美术出版社

符号江苏·口袋本

图书在版编目（C I P）数据

金山寺 / 滕建锋著. -- 南京 : 江苏凤凰美术出版社, 2017.1（2019.7重印）
（符号江苏 · 口袋本）
ISBN 978-7-5580-0410-0

Ⅰ. ①金… Ⅱ. ①滕… Ⅲ. ①寺庙－古建筑－介绍－镇江 Ⅳ. ①K928.75

中国版本图书馆CIP数据核字(2017)第022768号

责任编辑　施　铮
助理编辑　舒金佳
责任监印　朱晓燕
装帧设计　曲闵民

书　　名　金山寺
著　　者　滕建锋
出版发行　江苏凤凰美术出版社（南京中央路165号　邮编：210009）
出版社网址　http://www.jsmscbs.com.cn
排　　版　江苏凤凰制版有限公司
印　　刷　合肥精艺印刷有限公司
开　　本　787毫米×1092毫米　1/32
印　　张　5.5
版　　次　2017年1月第1版　2019年7月第2次印刷
书　　号　ISBN 978-7-5580-0410-0
定　　价　35.00元

营销部电话　025-68155790　营销部地址　南京市中央路165号

目录

CONTENTS

前言

“山不在高，有仙则名。”这是唐代刘禹锡《陋室铭》中的名句，千古流传。把这个名句用在金山身上，简直是再贴切不过了。

金山，立在镇江城区西北角，高 43.7 米。这样的“海拔”，且不说在祖国众多名山大川之间已是袖珍级别，就是在城市林立的高楼前也倍显娇小——出金山公园大门沿中山路向东不到 5 公里，苏宁大厦已经封顶，东塔高 341 米。

于是，“山不在高”的论断无比正确地灵验了，随着千百年的时光流转，“不高”的金山名气之大几乎到了“不消说”的程度，外地人谈起镇江，似乎多半第一时间就会冒出“金山”二字来。金山寺更是常年游客、香客满门，信徒遍布海内外。从某种意义上来说，金山甚至已经成为一个超越镇江区域概念的文化符号，在整个华夏大地上熠熠生辉。

那么，不高的金山缘何有这般大的名气呢？自然是有“仙”的。“仙”在何处？粗粗概括起来，至少当有以下几处：

一是金山寺在佛教中的崇高地位。金山寺始建于东晋时代，距今已有一千六百多年历史，原名泽心寺；唐时裴头陀掘山得金，唐宣宗因而赐名金山，寺称金山寺；宋天禧年间，因皇帝梦游金山寺，又赐名龙游寺；清朝康熙皇帝登临金山，见长江四周景色，江天一色，亲笔“江天一览”，并赐名“江天禅寺”，沿袭至今。虽然金山寺名称多变，但自唐以来，人们都统称其为金山寺。金山寺在佛教禅宗寺庙中有着显著的地位，与普陀寺、文殊寺、大明寺并列为中国四大名寺，闻名中外。金山寺还是水陆法会的祖庭，水陆法会在南梁时由朝廷发起，启建于金山寺，随着时代演变，已经成为我国佛教规模最大、时间最长的重要佛事活动。金山寺依山而建，从山脚到山顶，殿宇楼堂幢幢相衔，阶梯成叠，长廊蜿蜒，台阁相接，把整个山密密地包裹起来。远望金山寺，只见金碧辉煌的寺院建筑群和高耸入云的慈寿塔，看不见山，故有“金山寺裹山”之称。寺因山名，山亦因寺名，山与寺融为一体，共同尊享着历史与时代的荣光。

二是帝王将相和文人骚客的垂青。历代帝王对金山情有独钟，从金山寺名的演变即可见一斑。检阅史册，自晋至清，众多帝王都在金山留下了

梁武帝舍身佛寺

自己的印迹，其中名声最显者除六下江南的康熙、乾隆祖孙俩，大约要算梁武帝萧衍了。萧衍出生于镇江丹阳，他在中国千年数百位帝王中最突出的标签当是笃信佛教，曾几度脱下龙袍入寺为僧。相传他梦到神僧来访（一说是梦到已故爱妃郗氏变成了毒蛇，恳求他做佛事超度），于是他约请宝志禅师等高僧，历时三年制成水陆仪文，并在金山寺举行了我国佛教历史上第一次水陆法会。历代文人骚客也在金山留下了难以计数的诗篇，其中多有许浑、张祜、苏轼、王安石、欧阳修、陆游、文徵明、唐寅等在中华文化历史长河中灿若星辰的名字。唐朝以来，不少日本僧人漂洋过海，来金山寺参禅学经。唐朝的空海法师，宋朝的荣西、觉心、成寻，元朝时的古沅、邵元等僧人，都到过金山寺，为中日两国佛教界的交流做出了贡献。诺贝尔文学奖获得者赛珍珠也多次回忆起美丽的金山。

三是民间传说故事的巨大力量。金山还有许多美好的传说，其中最脍炙人口的就是“白娘子水漫金山”了，这是《白蛇传》中最精彩、最酣畅淋漓的一折，这个故事将白娘子敢于抗争、勇于追求爱情的形象刻画得深入人心。另外，“梁红玉击鼓战金山”、“岳飞金山解疑梦”、“佛印与苏东坡”等故事也广为流传，将金山与众多历史人物和历史事件紧密联系起来，而且，金山寺、法海洞、白龙洞、金鳌岭、七峰亭、妙高台等景点都巧妙穿插在这些故事之中，既很好地衬托了故事背景，增强了故事的观赏性和知识性，也让这些景点与民间传说一道，在口耳纸笔的传播中走进千家万户。

曾几何时，金山是滔滔江水之中一浮玉，所谓“崒然天立镇中流，雄跨东南二百州”，也是相当险峻和雄奇的。岁月流转，沧海桑田，随着长江河道的北坍南淤，到清后期金山就渐渐与南岸陆地镇江市区相连，因此“骑驴上金山”成一时风尚。镇江人对上了岸的金山更加珍爱，1953年起，政府设立金山公园进行管理维护，成效显著。近年来，镇江市委市政府更是从全局的高度出发，打造大旅游格局，投入巨资，以改天换地的气魄打造全新北部滨水区。金山公园内外迎来了前所未有的升级改造，拆迁渔民，连通鱼塘，重现了金山“江中浮玉”胜景，还全新打造了佛教文化广场、白娘子爱情公园、游乐天地等配套景点和设施。充满魅力的金山，正以其深厚的文化底蕴和更加开放亲和的姿态，迎接着八方来客。

金山

第一章 历史源流

“镇江好，第一数金山”，中外客人到镇江，无论是游玩还是朝拜，多半首选金山。有人说：镇江山水，首推三山。金焦北固，金山为冠，此论着实不虚。金山历史悠久，风景绮丽，驰名中外。但很多时候，人们对金山与金山寺密

金山寺旧影

不可分又有所区别的历史源流却并不甚了然，而悠久丰厚的历史内涵恰恰算得上是金山寺第一特色了。

第一节 金山之名

山之有名，如人之有姓，要读懂金山，第一题也许就是“金山”这个名字了。

金山在历史上其实还有很多名称的。据清《丹徒县志》等史志记载，至少有十来个：

俯瞰金山寺 1937 年

远眺金山寺 1937 年

淝水之战

泽心山：晋代山上有泽心寺，因寺得名。泽心是指古代此山屹立于江心之中。

获苻山：此名与历史上著名战役淝水之战有关。话说前秦苻坚占领了北方大部分地区，欲统一中国，决意南征据长江天堑偏安一隅的东晋。东晋谢玄率八万精兵迎战苻坚七十万大军，创造了中国历史上著名的以弱胜强的战例——淝水之战，此战也让前秦国势迅速衰败，北方再次陷入分裂，还留下了“投鞭断流”、“草木皆兵”、“风声鹤唳”等众多成语典故。由于金山四面环江，处于南北要冲，具有重要的军事地位，晋破苻坚后就置俘虏于此山中，因此获名“获苻山”。

互父山：“获苻”之转音。

清代金山四向图，载刘名芳编《金山志》

氐父山：苻坚为氐族人。

浮玉山：宋周必大《杂志》载：“此山大江环绕，每风涛四起，势欲飞动，故南朝谓之浮玉。”王象之《舆地纪胜》卷七《镇江府·景物上》：“金山，在江中，去城七里，旧名浮玉。”当然，因金、焦俱在水上，又有“金山西浮玉、焦山东浮玉”之说。

伏牛山：《南徐州记》：“蒜山北，江中有伏牛山也。”所谓伏牛，大致是指此山像一头牛伏在江上。

紫金山：南京紫金山如今驰名天下，其实

金山也叫过紫金山的。宋洪迈《重建佛堂记》中说："金焦二山，崒然天立，镇乎中流……古记谓紫金、浮玉者是矣。"

龙游山：宋真宗梦游金山而赐名。清刘氏《金山志》曰："诏改龙游，谓山形若游龙之出水也。"

另外，历史上也多有用妙高峰、金鳌岭这些现仍存在的地名来指代金山的说法存在，不及细述。那么，"金山"之名又是如何得来的呢？历来众说纷纭，佛教、道教、史家均有各自说法，

清代金山图，载卢见曾编《金山志》

这也给金山蒙上了另一层神秘的色彩。

一、佛教说法。金山起源于《华严经》。经云："此阎浮提外，香水海中，有七金山，绕须弥卢（指妙高山），因海水潆回，播溢无定，以金山镇之。"古人把扬子江比作香水海，因金山原来在江中，便把这座山比作《华严经》里的七金山，始名金山。

二、道教说法。其解释出自道家"阴阳五行"："东方甲乙木，西方庚辛金，南方丙丁火，北方壬癸水，中央戊己土。"金山原在长江之中，江水西来为"金"，山在水中，中为"土"，土为山。

三、史家说法。金山得名最流行的说法是——山本名浮玉，唐裴头陀开山得金，故易名金山。裴头陀即唐宣宗宰相裴休之子，裴休信仰佛教，认为富贵荣华不过是过眼云烟，不希望儿子在官场争斗，便送其到江西庐山出家，取名法海。顺言一句，法海是得道高僧，据说他来到润州时，泽心寺庙宇已成废墟，于是燃指一节，誓言修复，是金山寺第二代开山祖师，与民间传说中百般阻拦白娘子与许仙大好姻缘的法海不可混为一谈。

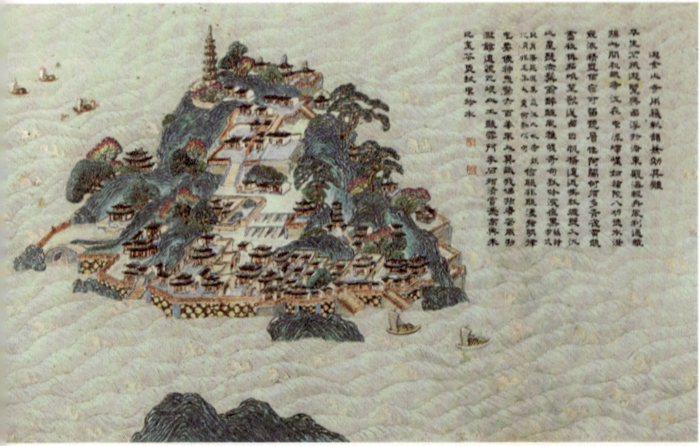

《游金山寺用苏轼韵效其体》乾隆

但是，这个最流行的说法越来越多地就被史家们用各种史料进行了反驳，认为金山得名远早于此：

如著名诗人张祜有一首《金山》五律，题诗时间至少在穆宗长庆年之前，如此就比宣宗时期提早了三十多年。

《旧唐书》又记载："唐建中四年（783），陈少游时镇扬州，以甲士三千人临江大阅，滉亦以兵三千人临金山，与少游相应，楼船于江中，以金银缯彩互相聘赉。"滉即韩滉，德宗重臣，官至宰相，后封晋国公，曾任润州刺史。两位刺史各陈兵三千，玩了个游戏，不意却记录下

张宏《金山览胜图》

周镐《京口二十四景》之“浮玉观涛”

了金山之名。这又往前提了六十多年。

宋熙宁进士杨谔作《金山水陆因缘记》云:“梁天监四年(505),即金山修水陆会。”《四库全书总目》评语:“金山修水陆会,其名已始于六朝,考证颇为典核。”这又把时间往前提了三百多年。

新编《金山志》将金山之名按年代作了排序,移录如次,以供参阅:“此山初名金山,东晋称泽心山,又叫氐父山,至南朝为浮玉山,复名金山,至唐代名伏牛山,又叫金山。宋代以前,曾叫紫金山,宋真宗祥符年间,一度改称龙游山,不久诏复金山,直至今日。”

第二节　金山上岸记

金山原是扬子江中一岛屿,所谓“万川东注,一岛中立”,是相当雄奇俊秀的,被称为“江心一朵美芙蓉”;与凸峙江中的北固山、同在江心的焦山,并称为“京口三山”,古今推为“驰名胜景”。

金山雄踞江中,形胜天然,历来引得无数文人骚客登临吟咏,诸如张祜、范仲淹、王安石、苏轼等无数诗人都有诗作留下。上世纪80年代

《京江赋》

中期，镇江有关方面编印了一本《京江赋》，收得有关镇江的诗词曲赋共一千七百首，其中吟咏金山的诗歌达四百多首，相当多的篇什都写到了金山的“浮玉之景”。如张祜的《金山》中就有“古今斯岛绝，南北大江分；水阔通沧海，亭高宿断云”之句，描述清新，气象开阔。明代大儒王阳明有一首诗常被提及：“金山一点大如拳，打破维扬水底天。醉倚妙高台上月，玉箫吹彻洞龙眠。”据说王阳明写此诗时才十一岁，其父高中状元，他随父赴京。路过金山寺时，他父亲与朋友聚会，在酒宴上有人提议做诗咏金山，大家还在苦思冥想，王阳明已先一步完成，技惊四座。

明末张岱《夜航船》中有一文《金山竞渡》，记载了当时金山赛龙舟的盛况，文中写道："西湖竞渡，以看竞渡之人胜，无锡亦如之。秦淮有灯船无龙船，龙船无瓜洲比，而看龙船亦无金山寺比。"把金山竞渡列为无法相比，足见当时盛况，也从侧面证实了当时的江面之阔。

然而如今来金山，你会发现，纵使山脚仍有湖泊碧波荡漾，但金山却已是陆地上一山头了。其实，金山登陆也就是一百多年来的事情，大约在清末 1900 年前后，随着周围的沉沙堆涨，金山与陆地完全相连，昔日被反复吟咏的"江中浮玉"渐渐与南岸陆地融为一体，从"游者必划船始达"演变成了"骑驴上金山"，让人不得不感叹造物之神奇。

要捋清金山登陆历程，首先要关注的应该是河道江流的变化。在《镇江交通史》一书的第一章，刊有一幅《长江镇扬河段历史变迁图》，从这幅图中可以清晰地看出长江改道情况。根据史料记载，春秋战国时期西津渡南倚云台山，江面宽四十多里；到了汉、晋、唐时期，江面已逐渐缩小，北宋时江宽仅十八里。在相当长的历史时期里，北岸的江面变化频繁，而南岸

金山版画，阿隆《中国》插图，约 1841 年

变化不大，特别是西津渡一线，江水一直沿云台山、蒜山边而过，江水直拍云台、北固诸山之麓。直到明末清初即 17 世纪初期，金山都在滔滔江水之中，长江主流还是沿北固山从焦山、象山之间奔流而过，镇江港水深达四五十米，是理想的深水港区。

那么，金山到底是怎样登岸的呢？我们先从北宋一位叫蔡居厚的“预言家”说起。蔡居厚，字宽夫，江西临川人，他父亲当过监察御史，他也累官至吏部员外郎，著有《蔡宽夫诗话》。正是在这本书中，他提前约八百年预料到金山与陆地相连的可能：“予在丹徒时，闻金山之南有涨沙，安知异日金山不与润州一体耶？”

这其中，“涨沙”二字至为关键。

当然，金山真正开始登陆当是起始于康熙年间，从此时长江镇扬河段开始了南淤北坍、江流改道的进程。依据史料，这一进程可以相对清晰地梳理出来。先说北坍：

康熙十五年（1716）六月，瓜洲漕船经常屯泊的花园港坍塌一百二十丈，致使囤船无法停靠。乾隆年间，为阻止坍塌，在瓜洲城为回澜坝等地抛填碎石，用以保护城根。到道光年间情况更严重了，“逐年愈坍愈甚，全城岌岌可危，如聚宝门、南门、西门、便宜门先后皆坍于江”。到“光绪元年（1875），整个瓜洲全城皆沦入大江”了，并继续向四里铺逼近。无论文艺家们接受与否，那个曾无数次被诗人吟咏过的瓜洲城早已没入滔滔

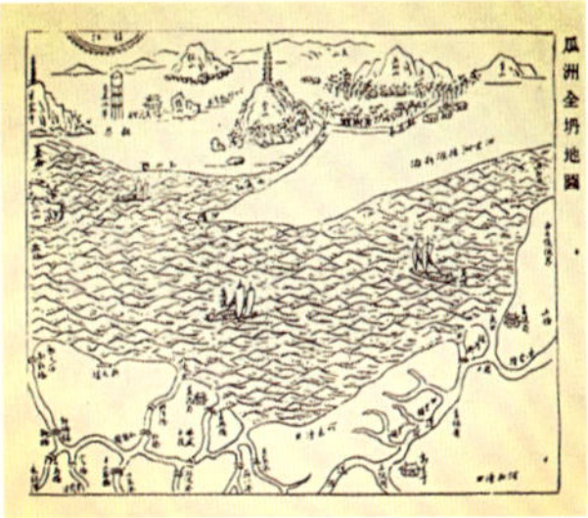

瓜洲全坍地图

瓜洲大观楼图

江水之中，踪迹难寻！

与北岸坍塌对应的是，南岸则开始淤积，“江中浮玉”金山逐步登陆。

据《丹徒县志》等史志记载，道光年间，金山还在江中。咸丰年间山北开始长出新滩，“潮汐日向东南直来，积淤成滩；江面岁向西北，徒阳有京口闸，漕河逐渐淤积，每届秋冬，则河身高于江面，停舟无所，民间食水亦多不便”。同治十二年（1873），金山西南两面也出现淤积。到光绪五年（1879）时，长出来的沙地已经“直连南岸，山南竟不通舟楫，水涸登山可以徒步”，

金山线雕画，《马嘎尔尼出使记》插图，约1793年

清代《江南通志》载江南河入江口段

金山到南岸已无法行船，枯水期已经可以步行上山了。

金山与南岸完全连接则是光绪末年之时，约 1900 年左右，其时金山已“四面皆涨沙，山已登陆”，成为南岸陆地的一部分，信男善女到金山烧香礼佛不再需要乘船上山了。在西津渡街区小码头考古坑道不远处，有几个铜铸雕塑的小品，其中之一叫“骑驴上金山”，一个镇江小媳妇，手挽包袱，骑着毛驴向着金山而去。对许多老镇江来说，这是个再熟悉不过的场景，当时西津渡的五十三坡是重要的租驴场所，到金山寺进香，只要在这里雇一头驴，不要吆喝，驴屁股一撅，一溜烟儿就把人送到金山寺外。

清时金山图

再到后来，就逐渐马路相通车轮滚滚了。

金山四周为什么会涨沙呢？这是由于长江本身就携带大量泥沙，及至下游水势减缓，容易淤积。再加上旧时的黄河改道，夺淮入运，在江苏入海，把大量泥沙从淮河、运河支流带进长江，加速了长江三角洲的形成，迫使镇江一带江槽束狭，于是江面不断变窄，入海口也就不断东移南迁，长江的镇扬河段也渐渐形成了如今的大"S"形，在水文地理上谓之"大江曲流"。再加上长江下游平原地带，河床坡度比较平缓，流速减慢，泥沙容易沉积；同时，南岸有零星孤立的宁镇山丘沿江分布，抗冲刷力较强，镇江港埠建设也较快，南岸障碍物不断增加，迫使水流偏向对岸，致使形成北岸以侵蚀坍塌为主、南岸以沉沙堆积为主，运动进行不已，金山登陆，原镇江港区也渐成内湖了。

实际上，长江的北坍南淤时至今日仍在进行之中。以世业洲分汊为例，监测显示，到上世纪 70 年代，仍有百分之七十的江水“走”南汊；而进入 21 世纪，从南汊“走”的江水已减少到百分之三十。主江如此“三十年河东、三十年河西”的摇摆，对沿江各类设施尤其是润扬长江大桥等国家重点工程造成了极大的威

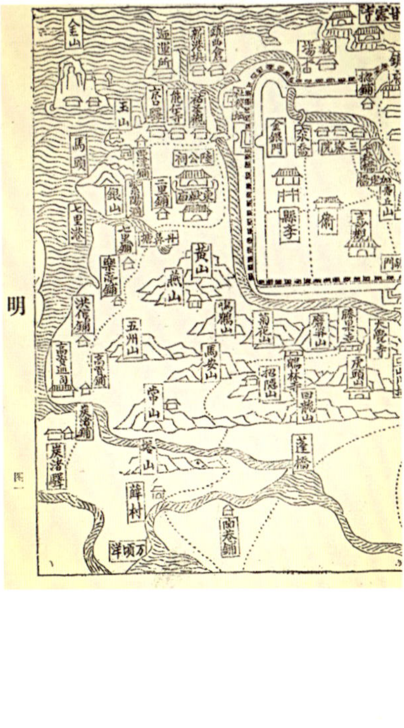

明时镇江地理图

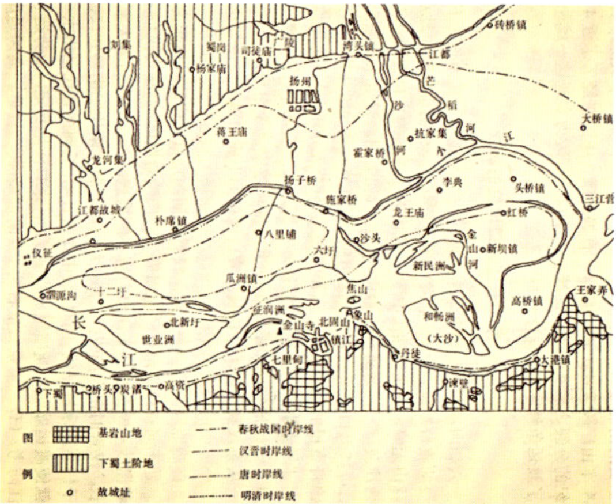

长江镇扬河段历史变迁图

胁。2002 年 6 月到 2004 年 9 月，一项被誉为“水下长城”的长江镇扬河段和畅洲左汊口门控制工程建成，通过建设水下大坝的形式，人为影响和控制河势变化。

长江镇扬河段一直是“南涨北坍”吗？答案当然是否定的，否则如今长江或许就奔入黄海了。有高校专文研究考定，长江镇扬河段江流主泓道在秦汉以前本来是南移的，三国两晋时代江流北移。隋唐两宋时代复又南移，江北扬、瓜之间的大片冲积平原就是在这段时期形成的。尽管这时金山以南也出现了零星涨沙，但南岸大涨、北岸大坍却是清中叶以后近代的事。江流南北往返移动，使得江面陆地不断变化，真真实实上演着一部“沧海桑田”的历史大剧。

第三节　金山寺沿革

从金山公园大门往北约三百米，即可见金山寺巍峨的山门，是一座四柱三门的高大牌楼，

山门

匾额上书“江天禅寺”，这四个字为康熙御笔。山门为明代风格，两旁雄踞的大石狮，也是明代所雕。山门后天王殿原为康熙年间住持行海所建，毁于太平天国时期的战火，现建筑为同治八年两江总督曾国藩筹两淮盐商公费兴修。

顺带一句的是，我国寺庙的山门一般是朝南的，而金山寺的山门却朝西。传说金山寺的大门原是朝南的，因为朝着南天门，得罪了玉皇大帝，使金山门口经常轰轰作响，屡遭火焚，以后就将山门改朝西开。然而真实的原因是金山原耸立于江心，大江由西向东奔流，游人在寺门眺望，才能充分地观赏到“大江东去，群山西来”的壮丽景色。这与历史水文地理有关，也反映了我国古代建筑师的独特匠心。

在牌楼后的天王殿外墙上，镶刻着“东晋古刹”四个苍劲有力的大字，说明着古寺的悠久历史。而东晋前后百余年，金山寺究竟建于何时呢？答案是东晋初年。元代著名学者、诗人虞集《万寿阁记》中说：“山有佛寺，始建晋明帝时。”晋明帝司马绍，是东晋第二位皇帝，西晋愍帝时曾拜任东中郎将，镇守广陵，与金山只距咫尺。晋明帝在位时间并不长，公元322

“东晋古刹”

年至 325 年，前后只有三年时间，这一记载基本上比较精确地框定了金山寺的创建年代——公元 322 年至 325 年之间。寺初名泽心寺，于今已有一千六百多年的历史。

两晋之后南北朝时期，国势混乱，纷争不息，佛教得到大发展，南朝梁武帝时期更是一个高潮。据记载，在金山寺创建约一百八十余年后的梁天监四年（505），笃信佛教的梁武帝命高僧宝志、僧祐在泽心寺创建了水陆法会，这就是中国佛教举行水陆法会之始，这也是天王殿外墙上“水陆法会祖庭”碑刻的由来。

公元 589 年，隋灭陈，中华再次大一统，代隋而立的大唐王朝开辟了光耀历史的一代盛世。佛教却因为统治者的好恶经历了大起大落，太宗、高宗、玄宗等时期尊重甚至推崇佛教，代宗、德宗时期这种推崇达到顶峰。然而到武宗时，却又在全国开展了历史上著名的灭佛行动，最严厉的时候全国加起来包括长安，一共只保留寺院四十九座，容纳僧众约八百人。及至宣宗时期，才开始纠正这种极端的做法，又

唐武宗像

大雄宝殿

逐步恢复佛教。

正是在唐宣宗时，一度颓败的金山泽心寺迎来了一历史性的大发展。这既得益于宣宗恢复佛教的决定，也得益于一位高僧的到来——这位高僧就是裴头陀，即法海和尚。裴头陀为宰相裴休之子，约在宣宗大中年间来到泽心寺，看到殿宇倾颓，杂草丛生，满目疮痍，于是在佛前燃指一截，发愿修复古刹。一日，裴头陀在江边挖土得金若干镒，即将黄金上交当时润州刺史李锜，李锜又将此事上奏唐宣宗。宣宗感动之余，下令将黄金赐予法海用于修复殿宇，并敕令泽心寺更名为“金山寺”。

北宋大中祥符五年（1012），签下“澶渊之盟”的宋真宗赵恒梦中游到了金山，这位晚年深信“天书符瑞之说”的皇帝激动不已，亲书“龙游山”三字于山门。天禧五年（1021）时，他又派内侍江德明给钱三百万，修复寺宇，装饰佛像，并以飞白“龙游禅寺”四字赐之。话说宋时天子多擅书法，宋真宗在书法上虽然没有后来创下“瘦金体”的宋徽宗那么有名，但也端庄谨严，属当世高手。谁曾想，寺僧们的反应却出人意料，竟然联名上书要求恢复旧名，赵恒纵然开明，脸上还是有些挂不住，乃下诏书“山称金山，寺称龙游”，各退一步。

宋仁宗庆历八年（1048），寺被火毁。随后几年，寺僧瑞新、怀贤等接力重建，寺庙又得到恢复。谁知到了政和四年（1114），宋徽宗赵佶信奉道教，将金山龙游寺改为神霄玉清万寿宫，为天下神霄第一，佛寺变成了道观。后又复名龙游寺。

南宋初，寺宇毁于兵火。宋淳熙四年（1177），枢密沈公复来治润州，看到山寺破败，慨而叹曰：“吾行四方多矣，未有如此刹者。住山非本色人，其可哉！”于是“备礼撰币”，请著名僧人蕴衷来主金山寺，经过多年捐募，寺宇殿阁得以重建。学士洪迈为此专门撰写了碑记。

在元代，金山寺更是名震当时，武宗、仁宗、英宗连续三代皇帝，相继在金山寺修设水陆大斋，举行大型佛事活动，其规格之高、频率之密，实为罕见。到明正统年间，寺宇又毁于火，巡抚周忱命都纲宏霔主金山寺，修复寺庙。都纲是古时官职之一，主管佛教事宜。寺庙殿宇亭阁重建之后，还奏请皇帝颁发了藏经。

清康熙二十五年（1686），康熙陪其母游金山，登妙高台，见长江滚滚东去，水天相接，空阔无际，感到心旷神怡，遂手书“江天一览”四字，如今仍立于山顶留云亭中。康熙还将龙游寺改名为“江天寺”，亲书“敕建江天寺”匾额，“江天寺”一名沿用至今。因为金山寺为禅宗名寺，因而多称“江天禅寺”。

清咸丰年间，太平军与清军在镇江进行了残酷的拉锯战，在这场旷日持久的战争中，金山寺又毁于兵燹战祸。同治年间，经过月溪、观心等僧人的努力，也得两江总督马新贻的支持，命候补道台薛书常监工，重新修复寺庙，两淮盐商出银三万两千余两。到同治十年冬，大雄宝殿、天王殿、藏经阁等三十四处建筑均得以恢复。光绪年间，在住持隐儒的努力下，慈寿塔又恢复了雄姿。

1948 年春，金山寺突发大火，烧毁了三百余间殿阁房屋，仅有慈寿塔、天王殿、楞伽台、观音阁、留云亭等少数几处幸免。新中国成立后，市政府拨专款修葺金山寺，实行以工代赈。到 1953 年，初步恢复旧观，并开辟了金山公园，游人不绝。“文革”中，金山寺也遭到破坏，多处佛像被毁，香火断绝。十一届三中全会以后，党的宗教政策得到贯彻落实，省市数次拨款修

清代金山寺大门

江天禅寺

复庙堂，僧侣回归。1982 年，金山寺被国务院公布为全国重点开放寺庙，钟声悠扬、香火鼎盛的景象逐步重现。后来，在住持慈舟等努力下，从 1984 开始筹备，历时六年余，重建了恢宏的大雄宝殿，后又逐步重修了藏经楼、韦驮殿、妙高台等建筑。

需要指出的是：虽然历史上金山寺名在官方多有变更，但自唐以降，"金山寺"一名就在口耳纸笔中流传和固定了下来。无论是达官贵人甚至当朝天子，还是文人骚客大众百姓，无论是口头谈及还是赋诗著文时，都习惯性地以“金山寺”称之。在唐代许浑、张祜，宋代司马光、王安石、苏轼、曾巩，明代祝允明、文徵明等大家的诗文中，都可以看到“金山寺”的字样。就连亲自赐名“江天寺”的康熙皇帝，也写过一首《金山寺夜月》的诗，“金山寺”一名之深入人心，可见一斑。

第四节　禅宗名寺

佛教在中国有十个宗派，禅宗是其中重要的宗派之一，来源于佛教创始人释迦牟尼。相传释迦牟尼在法会上拈花示众，大弟子摩诃迦叶微微一笑，释迦牟尼就将佛法心印传给了迦叶，迦叶也被称为禅宗第一代祖师；之后代代相传，至第二十八代菩提达摩。南北朝时期，达摩祖师从印度来到中国，先到南朝与梁武帝会晤，据说话不投机，即往北魏少林寺面壁九年，而后将禅宗心印传给慧可，中国禅林称达摩为初祖，即常说的“达摩祖师”。

金山寺开山第一代祖师灵坦，曾学禅于洛阳荷泽寺禅宗六祖慧能弟子神会门下，也就是说，灵坦为中国佛教禅宗的第八代祖师。后来，禅宗又分出临济宗、曹洞宗、沩仰宗、云门宗、法眼宗共“五宗”，其中临济宗逐步发展成为禅学中影响最大的一宗，高僧辈出，住持全国古刹名寺，金山禅宗传承就是以临济宗为主，不同时期也掺杂有其他宗派。到明代后，金山寺临济宗传承更加清晰，及至慈舟法师，已是临济四十七世。

在全国诸多临济禅寺之中，金山寺占有突出地位。明周忱《赠文海禅师还金山序》说：“历代以来，僧伽攸聚者，常以千计；禅林老宿之欲倡其道者，常在于此，诚四方禅刹之冠。”可见金山寺规模之大、僧众之多，为全国佛教禅宗之首刹。及至清代，经大定、常净、性莲、隐儒等高僧相继努力，整肃禅规，进一步巩固了金山寺禅宗首刹之地位，与扬州高旻寺、常州天宁寺、宁波天童寺并称为我国佛教禅宗四大丛林。

清同治年间，在“禅净并重，归心净土”和“念佛即是参禅，参禅乃生净土”的思想的影响下，

念佛堂

住持常净、隐儒在禅堂之外又设念佛堂，以供老和尚念佛。江天禅寺如此便以禅宗为主、兼修净土，成为禅净双修的著名大寺庙。

天王殿外墙上“水陆法会祖庭”石碑，则从另一个方面在昭示着金山寺在中国佛教中的崇高地位。

南朝梁武帝天监四年（505），梁武帝命名僧宝志、僧祐等在金山泽心寺举行盛大水陆法会。宋宗鉴《释门正统》卷四载：“所谓水陆者，因梁武帝梦第一神僧告曰：‘六道四生，受苦无量，保不作水陆（大斋）普济群灵？’帝因去公之劝，搜寻贝叶，早夜披览；及详阿难遇面然鬼王建立平等斛食之类意，用制仪文，遂于润州（今镇江）金山寺修设。帝躬临地度，命僧祐禅师宣文。”这就是中国佛教举行水陆法会之始。

这里不得不略述一下宝志其人。“鞋儿破，帽儿破，身上的袈裟破！”1985 年的电视剧《济公》，是很多人与《西游记》并列的儿时回忆，也让一个民间传奇的疯癫和尚变得妇

梁武帝像

孺皆知，这就是“活佛”济公。而宝志就是济公的原型。

宝志俗姓朱，句容人。相传东晋末，一朱姓妇女“闻古木鹰巢中儿啼，梯树得之，举为子。面方，莹澈如镜，手足皆鸟爪”。手脚长得像鸟爪，家人担心他日后不能正常生活，便在他七岁时送他到南京道林寺出家，法名宝志。南宋年间，民间传说中开始出现一个衣衫不整、蓬头垢面、饮酒吃肉、口无遮拦、手拿破芭蕉扇到处打抱不平的济公形象，但在正史和僧传中，并无济公的资料。清末民初人蒋瑞藻《花朝生笔记》中云：“实则南宋

游本昌饰演的济公

初无是人，乃因六朝释宝志而讹传者也。”南京灵谷寺西北有宝公塔，塔南有一“三绝碑”，碑上同时有诗仙李白的诗、画圣吴道子的画、书圣颜真卿的书法，此三人作品同时出现在一块碑上，可以说是旷古罕见独一份，也足见宝志的历史地位。

萧衍对宝志极为尊崇，宝志身如国宾，自由出入于宫廷之中。梁武帝做了梦后，立刻找来宝志商量，约请了九位高僧，历时三年编成《水

水陆法会

陆仪轨》，并在金山寺组织水陆大法会，超度水陆一切鬼魂，普济众生。

水陆法会又称水陆道场、悲济会，是中国佛教经忏法事中最隆重的一种仪式，内容是诵经设斋，礼佛拜忏，追荐亡灵。水陆法会坛场的布置、念诵的经典及其人数、牌轴的规定和进行的程序都有一定仪式。坛场分内坛和外坛，法事以内坛为主，像设布置，香花供养，力求庄严。外坛则

水陆法会

水陆法会

又有六个坛场。内外坛佛事至少为七天，法事内容有结界洒净、遣使发符，请上堂、供上堂、请下堂、供下堂、奉浴，施食、受戒、送圣等。水陆法会有三大特点：一是时间长，多则四十九天，少则七天，最少也有三天；二是规模大，参加的僧人可多达千人；三是法事全，凡佛教各种常见法事无不包括在内，还要悬挂多则两百余幅、少则一百二十幅的“水陆画”，这些“水陆画”也是中国传统文化艺术的瑰宝。

水陆画

水陆法会宋代开始在全国兴盛，宋熙宁年间，东川杨锷祖根据梁武帝仪文撰成《水陆仪》三卷，广为流传。宋朝元丰七、八年间（1084—1085），名僧佛印住金山寺时，有海商到寺设水陆法会，佛印亲自主持，规模宏大，遂以“金山水陆”驰名天下。南宋乾道九年（1173），四明人史浩尝过镇江金山寺，仰慕这里水陆道场之盛，乃施田百亩，于四明东湖月波山专建四时水陆。

元朝延祐三年（1316），朝廷在金山寺举行盛大的水陆道场，命江南教、禅、律三宗诸师说法，参加僧众一千五百人。至治二年（1322）又举办了一次规模宏大的水陆法会。正印《金山大会归堂》称："金山大会，诚非小缘。山僧得与四十一人善知识，一千五百比丘僧，同入如来大光明藏，各说不二法门，共扬第一义谛。"

水陆画

水陆法会

可见，金山寺的水陆道场在历史上享有盛名。

第五节　高僧辈出

历代以来，金山寺高僧辈出，据现有并不完整的资料就可以列出一长串的名单，如前文已叙述的在金山寺举行了中国佛教历史上第一次水陆法会的南朝梁代大和尚宝志；唐代有灵坦、法海等；宋代有佛印、宝印、克勤等；元代有应深、行端等；明代有德全、正性、释澈等；清代有超乐、明诠、观心、隐儒等；近现代有宗仰、太虚、霜亭、慈舟等。作挂一漏万之举，简述其中二三，即已让人无限仰望。

灵坦法师，被称为唐金山寺开山第一代祖师。他是武则天的侄孙，当过太子通事舍人，后出家为僧。灵坦于洛阳荷泽寺跟随禅宗六祖慧能弟子神会学禅后南下，也就是说，灵坦为禅宗第八代祖师。灵坦先后至庐州浮槎寺、扬州华林寺严格修持，精研佛学佛经；唐大历年间，来到镇江金山泽心寺。当时金山寺庙破败，无屋可住，灵坦便住进金山西北山脚下的一个洞中打坐参禅。据宋《高僧传》载：一条毒龙藏于洞中，经常吐出毒雾，人吸了轻则患病，重则丧生。灵坦依仗佛力斗败毒龙，从此毒云散失。如今洞壁上刻有“古白龙洞”四个篆字，洞前竖有白娘子和侍女小青的塑像，与《白蛇传》故事联系了起来。

“白蟒化龙归海去，岩中留下老头陀”，这是北宋宰相张商英题于金山裴公洞（今名法海洞）的两句诗，说的就是唐金山寺第二代祖师法海禅师。古时高僧，多有在洞窟中苦修者，灵坦在山下石洞，法海则来到了半山腰的这个洞窟里。法海俗姓裴，字文德，是唐代宰相裴休之子，他出家后严持戒律，被称为“裴头陀”。法海不仅以苦行著称，而且他还建寺度众，淡泊名利，成为禅宗史上受人尊崇的一代高僧，绝非民间传说《白蛇传》中那般凶恶形象，这是必须要严肃指出的。

法海禅师是在身居大唐宰相尊位的父亲裴休要求下出家的。裴休是一位虔诚的佛法信

古法海洞

头陀岩

众，儿子裴文德虽身在富贵之家，但学业勤奋，年纪轻轻就考中状元，封为翰林。但裴休却不希望他涉足仕途，在一个机缘下，裴休决定将儿子送到沩山密印寺，跟从当时著名禅门高僧、沩仰宗的创始人灵祐禅师出家，并得法号“法海”。法海禅师学修并进，深悟禅法精髓。

修学多年后，法海外出参学，到庐山修道多年，又来到金山泽心寺，见到泽心寺殿宇倾颓，杂草丛生，一片破败，不禁悲从中来，发愿修复古刹，并于佛前燃指一节，以表决心。抑或是法海的诚意感动了上苍，一日，他在江边挖土时竟然“得黄金若干镒”。尽管修复殿宇急需

法海像

用钱，但法海还是随即将黄金上交当时润州刺史李锜。李锜将此事上奏唐宣宗，宣宗感动之余，下令将黄金赐予法海禅师修复殿宇，并敕令泽心寺更名为金山寺。

法海重兴梵刹的心愿得到了信众的鼎力支持，他们通过捐钱出力等多种方式，积极为禅师修复佛寺尽心尽力。经过多年的勤苦经营，法海终于将金山寺建得殿阁庄严，规模恢宏，名动一方。法海也因对修复古刹的特殊贡献，被广大信众尊为金山寺的“开山裴祖”。

佛印，法名了元，字觉老，江西浮梁人，俗姓林。幼年出家，到各处学教参禅，曾住江

佛印禅师

州承天寺，庐山开先寺、归宗寺，润州金山寺、焦山寺等，当时缙绅多与交游，名动朝野。宋神宗钦其道风，赠号“佛印禅师”，并送他朝鲜的磨衲和金钵，以为旌表。佛印精通佛学，工书能诗，尤善言辩，名闻四方，且喜欢与名人雅士交往，与苏东坡、黄庭坚都是好友。与东坡友情弥笃，常书函往来，诗词唱和。一次对语将东坡问倒，留下玉带相赠，以镇山门，传为千秋佳话。

克勤禅师，俗姓骆，字无著，崇宁人。剃度出家，行脚四方，遍参各地禅门高僧，最后在五祖法演门下参学。南宋初期任金山寺住持，毕生精研禅学，编著《碧岩录》，系统阐述了临济宗的禅学思想，影响极广，被奉为为禅门第一圣典。他大力整顿古刹禅规，大振参禅宇风，重修了古晓堂，后改名“大

克勤禅师

澈堂”，与河南嵩山少林寺枯木堂、四川成都净慈寺宗镜堂并列为当时全国禅宗丛林三大堂。南宋建炎二年(1128),宋高宗抵扬州行宫，克勤应召为解说经典，高宗十分赞赏，赐法号“圆悟”，并令其在扬州雍熙寺为僧众说法，自此蜚声南北。

元代大初二年，应深法师奉武宗之命任金山寺住持，武宗赐其金襕袈裟，并命其按梁武帝修斋仪式建水陆法会。应深在寺内造一大阁，上供万佛金像，下塑五百罗汉，水陆道场做了七天七夜，有一千五百多名僧人参加。后来在仁宗延祐间、英宗至治间，又两次敕建水陆大会，元代连续三代皇帝相继在金山寺修设水陆大会，举行大型佛事活动，实为罕见，也让金山寺名

超乐禅师

震当时。至顺元年，应深还赴京献佛像，文宗亲自召见，出钞五万缗，为万佛装金，赐名“万佛阁”。

明万历间，正性住朝阳洞，建无梁殿、法华楼、多宝塔、诸胜殿，并带着徒弟如然往京城请藏经。由于当时各地求藏甚繁，朝廷并没有答应，正性得赠紫袍还山，而如然则留在京城继续求藏，五年备尝艰辛，终于感动了朝廷，特发全藏还山。于是又建起了莲华阁收藏藏经，翰林王肯堂专门为此作记并勒碑。

清康熙三十八年（1699），康熙南巡，驻金山，住持超乐乘机面奏获准，将罄山修祖箬庵和尚语录刻版刊印，附入寺内《大藏经》，曹寅即受旨专办此差。之后曹寅应超乐恭请，为《铁舟海和尚塔铭》刻碑篆额、钤章。次年正月，曹寅和地方要吏再次从南京来镇江金山寺，亲自送刻制完毕的《箬庵语录》书版入《南藏(清藏)》，超乐率众恭迎；同年腊八，曹寅来金山寺设斋，超乐为此开堂说法。清光绪年间，金山寺隐儒多方奔走，修复慈寿塔。

及至近代，金山寺还出过一位被称为“天下奇僧”的大师，即宗仰法师，别号乌目山僧。宗仰十六岁到虞山三峰清凉寺削发为僧，光绪帝师翁同龢见到宗仰的诗文后，称赞“辞茂义

栖霞寺内“宗仰上人纪念堂”画像

宗仰

幽，莫测其际”。二十岁时到金山寺挂单受戒，拜方丈长净为师。长净先是让他研习各国文字，后又写一纸度牒派他到南北名刹朝山进香，宗仰也得以遍历各地。其时国事沧桑，宗仰逐步树立了“垂救沉沦”、“乘时崛起”的爱国之心。1902 年，宗仰与蔡元培、章太炎、蒋维乔、吴稚晖等人在上海组织“中国教育会”，并任会长。1903 年，清廷封禁《苏报》，逮捕章太炎、邹容，宗仰也被列入清廷追捕名单，不得已逃亡日本，与孙中山结识，并自此结下了深情厚谊。辛亥革命胜利后，宗仰淡泊自甘，仍回到金山，过着头陀生活。1919 年，受南京栖霞寺法意和尚数次诚心相请，宗仰赴栖霞主持寺庙复建。俗话说“因人成事”，各方善士闻宗仰宏愿，纷纷解囊相助，不久即善款大集。不想正在工程进展顺利、毗卢宝殿平地而起、规模初定之时，宗仰却积劳成疾，于 1921 年 7 月圆寂，留葬栖霞山麓，被尊为复兴栖霞第一祖师。

第二章 景观人文

第一节　寺裹山

我们说过，金山高仅四十三点七米，是一座体量不大的山头。据山而建的金山寺仅主体建筑就有山门、天王殿、大雄宝殿、藏经楼、

寺裹山

寺裹山

方丈室和一塔、二台、四亭、六楼、十阁等，小小的山体承担着如此之多的寺宇建筑，自然要别具匠心才行。事实也确实如此，整个金山殿堂楼阁，依山叠建，远远望去，丹碧辉煌，巍峨壮观。从山脚到山顶，殿堂楼台层层相接，远远望去，只见庙宇不见山，所以有“金山寺裹山”之说。

金山寺梵宇辉煌，楼台殿阁星罗棋布，长廊蜿蜒，宝塔耸峙。远观庄严华丽，金碧辉煌；

近观环境幽静，古木参天。寺院主体建筑与慈寿塔、古法海洞、楞伽台、七峰亭、古白龙洞、塔影湖、云根岛、芙蓉楼、中泠泉等一起，共同组成了金山独特的寺观园林景观。这组建筑形式，被列入清代皇家园林承德山庄，称“小金山”。金山寺观园林对明清园林建设影响深远，扬州瘦西湖的小金山、承德避暑山庄的上帝阁即仿照金山寺构筑；北海琼岛的漪澜堂和远帆阁，也是仿“江天一览”

寺裹山

而建，颐和园万寿山佛香阁也借鉴了金山寺造园处理手法。

在园林专家看来，中国建筑的平面布置一般以有中轴线、呈规则式的四合院为基本特征，在比较隆重的场所还要逐步提高基座的高度。金山寺筑在坡地上，无法做到完全规则，只能采取局部规则的布置，分层筑台，结合地形，灵活地变换轴线方向的处理手法。主体建筑西向布置，采取“依高差分梯台，按地势划景区”的方法，将不大的山体化成

藏经楼

大雄宝殿背面

佛殿区、禅堂区、塔楼区、洞窟区等，并结合地形构筑分叉式通道连成一片，环绕山顶环路一周，线路合理。寺院建筑围山层叠错落而建，塔楼高耸，轮廓线富于变化，于不对称中取得平衡，确实属于中国寺观园林中的艺术精品。

宕开一笔。镇江金焦二山，皆有“浮玉”之称，西浮玉金山只见庙宇不见山，是谓“金山寺裹山”；而东浮玉焦山亦有古定慧寺，古朴幽雅，殿宇楼阁等建筑都隐藏于古木深处，亦有“焦山山裹寺”之说。两山隔水而望，各具特色而

寺裹山

又相映成趣，令人喜爱。

金山位于江心，日日应对江流，再加上民间故事“水漫金山”的流传，不少人以为金山寺多遭水淹劫难。其实，历史上危害这座千年古刹最多的是火灾，金山寺历尽沧桑浩劫，七次毁废，不是兵燹，便是火灾。常常是一把火烧得满目疮痍，塔毁寺废，几代人又励精图治，全力复建。千年以降，金山寺就在这屡毁屡建中不断发展，成为天下名寺。

从消防的视角来看，寺庙依山而建，殿宇楼台层层相连，在造就“寺裹山”奇景的同时，

1948年火烧金山寺

也更加不易控制火势蔓延。而中国传统建筑物主要使用的都是木材，木材年久干透，每年又多新加油漆，遇火更宜燃烧。再加上旧时消防措施落后，主要依靠肩挑手提，撇开人力组织的艰难不说，火势一旦起来，几乎没有扑灭之可能。

有记载的金山寺最近一次火灾是在1948年，受损极为严重。关于起火原因，当时有两种猜测：一说僧人用火不慎所致；一说寺内驻有军队、学生和政治犯感化班，有人故意纵火。因起火原因扑朔迷离，这次大火也成为极具争议的一场劫难。其时，此事京沪报纸上都竞相刊载。

《申报》报道："4月6日下午3时许，镇江金山寺，祝融降，大火持续五个小时，除七级古塔和法海洞幸存，大雄宝殿、自由堂、妙高台、雄华堂和留玉阁等百余间殿宇，均成灰烬，藏经楼所贮珍贵经典，亦尽付一炬。更悲壮者，僧二十余名，跳火自焚，以身殉寺。"

出版于1948年4月《学僧天地》中的《镇江金山寺杂记》一文，内容涉及金山寺火灾记录，据该文记载："1948年4月6日下午2点多，金山寺库房突然起火，因风助火势，水远山高，加上消防设施简陋等原因，大火烧了近7个小时才熄灭，造成全寺建筑精华几乎全部被焚毁。所幸文徵明所绘金山全景手卷等少量文物幸免于难。"文中还列有被毁建筑清单，共计天王殿、藏经楼等三十六处一百九十九间。

1948年《江苏省志大事记》（中）记载："4月6日下午2时，镇江金山寺起火延烧至大雄宝殿，至晚火始扑灭。这次大火共烧毁大雄宝殿、藏经楼等房屋三百余间，珍藏的经籍与雕版约六百余部、块被毁。”

历朝历代，关于金山寺火灾都只有文字记载，唯独这最后一次留下了影像。这要感谢镇江市民薛世安先生及他的姐夫龚钟顺先生，薛先生在家整理老照片时理出了一张1948年火烧金山寺的旧照片，于是将照片扫描并配稿发给报社，公之于大众。据介绍，这张照片是其姐

大雄宝殿

金山寺藏经楼

夫龚钟顺送给他的。无巧不成书的是：那年火灾之时，龚先生正巧在金山寺旅游，于是用随身携带的相机实拍下这一珍贵影像。这张照片得之非常不易，当时火灾现场笼罩在一片混乱恐怖之中，到处是军警宪特站岗放哨，不断盘查驱赶游客，发现可疑人员当即扣压，发现有人拍照，借口“军事要地，不准拍照”，当即没收胶卷。龚先生同去的人多，将相机、胶卷分开两人保管，分别离园，才避过盘查。

第二节 金山四宝

作为驰名中外的大寺庙，历史上金山寺的文物收藏是相当丰富的，但在屡次毁建过程中流失殆尽。有统计称，康熙、乾隆祖孙俩数次南巡，御赐金山寺文物多达几百件，惜乎历经近现代战火和动乱，又屡遭破坏和掠夺，得以存留至今的只是劫后余生的一小部分了。不过，在现存的寺藏文物中，也不乏珍贵之物，其中又以周鼎、《金山图》、铜鼓、东坡玉带这四件为最珍贵，合称“金山四宝”。

周鼎

这是一件西周宣王时代的铜器，迄今已有两千七百多年历史，清道光年间出土于陕西，几经转手，于清道光十八年（1848）由叶志生赠送金山寺收藏。当时周宣王北伐成功后，铸造铜鼎酬劳北伐统帅遂启祺，所以此鼎又称“遂启祺鼎”。

周鼎原在佛印山房展出，为保护文物，现已收藏起来。如今佛印山房里有一块碑，前人将鼎的模样按 1:1 的比例刻在碑上，旁边还刻有说明文字，方便游客观赏。

展出的周鼎复制品

展出的铜鼓复制品

铜鼓

这是一种鼓状铜器，高八寸，径一尺五寸，重二十三斤八两。传说这种鼓是诸葛亮发明的。古时战争击鼓为号，一般的鼓是牛皮鼓。四川蜀地多雨潮湿，鼓声不响，影响士气，于是诸葛亮就发明了这种铜鼓来代替原来的牛皮鼓。这种鼓除了作为战鼓时声音比较响亮之外，行军扎营时还可以翻过来当作煮饭的炊具，一物两用，人们都称这种鼓叫“诸葛鼓”。传说刘备在诸葛亮的建议下决意“联孙抗曹”，为表示诚意，将蜀地特有的战鼓当作礼物送给了孙权。

当然，回到史志考证文物鉴定的环节后，

这种说法就未必靠得住了。新编《金山志》记载：此物为清代镇江知府魁元在广东时获得，在镇江任职时赠送给金山寺收藏的。文物专家也鉴定此物非汉代之物，而是旧时云南少数民族过年过节欢庆歌舞时的一种打击乐器，从花纹造型各方面推断，当为明代之物。虽是如此，铜鼓仍不失为一件珍贵的文物。

《金山图》

《金山图》为明朝著名画家文徵明所绘，画中江水茫茫，微波荡漾，金山如浮玉漂浮在波涛之上，山色青碧，上面有一栋栋画檐朱宇，展现了当时金山和金山寺屹立于扬子江中的秀美雄姿。画后有他写的《金山寺追赋》诗一首：

白发金山续旧游，依然绀宇压中流。
沙痕灭没潮侵登，帆影参差日映楼。
江汉东西千古逝，乾坤高下一身浮。
谪仙故自多愁绪，更上留云望帝州。

文徵明，长洲（今苏州）人，明代画家、书法家、文学家，号衡山居士，世称“文衡山”。因官至翰林待诏，私谥贞献先生，故称“文待诏”、“文贞献”，留有《甫田集》。文徵明诗、文、书、画无一不精，人称是“四绝”全才，在画史上

文徵明《金山图》

与沈周、唐伯虎、仇英合称“明四家”，在诗文上与祝允明、唐寅、徐祯卿并称“吴中四才子”。得文徵明绘图，亦可谓金山幸矣。

当然，在文徵明之前，应该有过金山图的，也就是说文徵明此图并不是历史上第一幅金山图。明代开国宰相刘基游金山后也写有《题金山图》的诗，此时距文徵明生活的时代早了百余年。更早的还有元代萨都剌，他写有一首《夜宿金山题金山图》的诗，这足以说明此前金山已有金山图了，而且还颇为精美，引得众人竞相吟诗作赋。

东坡玉带

东坡玉带是“金山四宝”中名气最大的，被奉为“镇山之宝”，为宋代文豪苏轼所赠。苏轼，字子瞻，号东坡居士，世称苏东坡，哲宗即位后曾任翰林学士、侍读学士、礼部尚书等职，并出知过杭州、颍州、扬州、定州等地。

苏东坡可以说是宋代文学最高成就的代表，诗、词、文、书、画等方面取得了很高的成就。其诗题材广阔，清新豪健，独具风格，与黄庭坚并称“苏黄”；其词开豪放一派，与辛弃疾同是豪放派代表，并称“苏辛”；散文著述宏富，豪放自如，与欧阳修并称“欧苏”，

展出的玉带复制品

苏东坡像

为“唐宋八大家”之一。东坡学识广博，为人潇洒，与金山寺高僧佛印交往甚密，在金山留下诸多传说，《焦周说楛》就记载了“东坡留玉带”的佳话：

是年，苏东坡赴任杭州，经过镇江，到金山寺来看望老朋友佛印。佛印正要去为众僧说法，见苏东坡直入方丈室，便开玩笑说：“学士何处来，此间无坐处。”苏东坡随口答道：“暂借四大为坐。”佛印听了，知道东坡有意论佛，便笑道：“我有一问，若学士能答，我便让座；

否则，留下腰间玉带，以镇山门。”东坡欣然允诺。佛印问：“四大皆空，五蕴非有，学士何处坐？”苏东坡一时语塞，答不出来，哈哈一笑，解下玉带交给佛印，佛印回赠了一件衲裙。东坡玉带自此便一直留在了金山，于今已近千年。就此苏东坡还写了一首诗《以玉带施元长老，元以衲裙相极次韵》，以记其事，诗云：

病骨难堪玉带围，纯银仍落剑锋机。

欲教乞食歌姬院，故与云山旧衲衣。

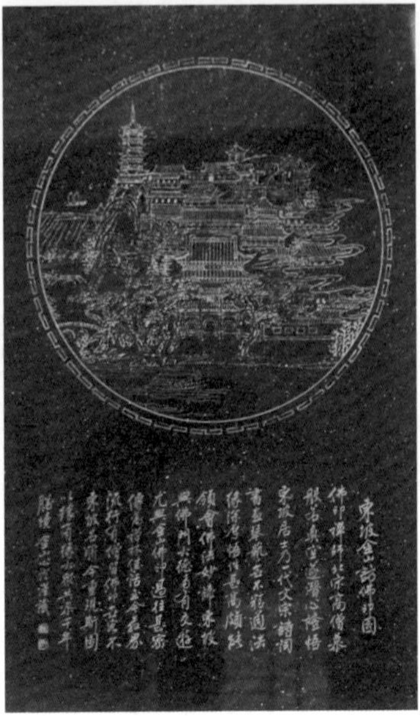

东坡金山访佛印图

佛印山房

这条玉带宽约二寸、长约二尺，带上缀着二十四块米色白玉，有长方形、圆形、心形，十分精美。清初，玉带上的四块玉被火焚毁，乾隆皇帝游金山时见此玉带，十分喜欢，命玉工补齐，并制匣贮之，以镇山门。后补的四块玉色和原有的玉色不同，老玉呈米黄色，新玉呈白色，一看就可以辨别。乾隆还前前后后四次在玉带上题诗，可见乾隆对此玉带之偏爱。

以前，包括“四宝”在内的诸多寺藏都在佛印山房展出，后来随着游客量的增加，出于文物保护等诸多考虑，就全收藏了起来，一般游客并不能得见。当然，诸君也不必遗憾，在金山北麓白龙洞，有一座桥就名曰“玉带桥”，相传是苏东坡打赌输了玉带后，佛印如获至宝，经常给人看，看的人多了，又恐弄坏，于是就命人仿照玉带的式样建造了一座桥，谁要再看玉带，去看桥就行了。古人如此，今人亦可为之。

当然，根据史志记载，玉带桥建于明朝，募建者一说为僧人太虚，一说为僧人如然。“玉带桥”三个字则为明代镇江郡守吴扐谦所书，苍劲有力。桥长十六米，桥下绿波荡漾，清澈见底，凭栏而望，也是非常惬意的。

第三节　慈寿塔

无论是远观金山全景，还是进山登临览胜，整个金山最夺人眼球的无疑是矗立于金山西北峰的慈寿塔了。在层层楼台殿宇之上，慈寿塔凌空耸立，直刺青天，真有股“刺破青天锷未残”、“惊回首，离天三尺三”的气概，仿佛把整个金山都向天空提高了一大截——当然，事实也是如此：金山高四十三点七米，慈寿塔高三十六米。

慈寿塔历史也非常悠久，创自一千四百多年前的南朝齐梁时期。清镇江知府向万荣《重

慈寿塔

慈寿塔

修金山慈寿塔记》写得明白："山有浮图七级，名慈寿塔，创自齐梁。"南朝是中国佛教文化的重要发展时期。尤其是梁武帝萧衍极力推崇佛教，在位期间曾四度舍身，成为中国封建王朝第一位"和尚皇帝"，在他的大力提倡下，佛教在江南进入了一个广泛传播和迅速发展阶段。

塔这种建筑形式源起于古代印度，称作"窣堵波"，是佛教高僧的埋骨建筑。随着佛教在中国的传播，也逐步与中国传统楼阁建筑相互影响并合流，楼阁式塔既有礼佛之意，亦可供登临眺望，因而被众多寺院广泛采用，金山慈寿

明代雪舟《大唐扬子江心金山龙游禅寺》

塔也就成为“南朝四百八十寺”中非常重要的一座“烟雨楼台”了。

然而，渐渐被人遗忘的是，金山在相当长一段时间里其实是双塔。元时散曲名家冯子振写过一首《登金山》，起笔就是“双塔嵯峨耸碧空”，说明直至元代双塔都是依然存在的。明代日本画僧雪舟曾在中国居住两年有余，游历过宁波、镇江、南京、北京等地，绘有《大唐扬子江心金山龙游禅寺》《唐土胜景图卷》等图，现存画中，金山上两座对称的宝塔也还看得很清楚。

最早关于双塔的明确记载是在北宋。元符末年宰相曾布在金山寺超荐其母，于南北半山各建一塔，一名“荐慈塔”、一名“荐寿塔”，

曾布

俗称双塔。曾布，字子宣，嘉祐进士，在哲、徽二帝时期担任过枢密使和右仆射等显职，是北宋历史上一个重要的政治人物，曾经是王安石变法的得力助手。虽然当过大官，但他显然没有他的哥哥——曾巩在历史上的名气大。曾巩位列“唐宋八大家”，这就是文学的力量。但曾布与镇江渊源却是极深，后来他因与担任左仆射的蔡京爆发矛盾，被排挤贬谪为润州知州，晚年也居住在镇江，最终客死于此，长眠于长山相公湾，死后被赠为观文殿大学士，谥号“文肃”。

根据现有资料，也许我们可以认为“慈寿塔”之名来源于曾布的此次建塔行为，但有人却说曾布建塔为金山有塔之始，就显然不对了。最有力的论据来自于赫赫有名的东坡居士，这位在金山留下诸多传说和诗文的大文豪在曾布建塔的二十多年前，即神宗熙宁七年（1074）来到金山时，遇到大风留住了两日，写有诗句“塔上一铃独自语，明日颠风当断渡”，足以说明此时早已有塔了。

不过，自曾布之后，慈寿塔的兴毁演变倒是相对清晰起来。宋徽宗政和年间，道教盛行，金山寺改为神霄玉清万寿宫，道士毁塔，改建成房屋，名郁罗霄台。五十多年后，金山寺住持宝印再次恢复双塔。冯子振的《登金山》说明直至元代双塔都是依然存在的。雪舟的画说明至少明朝宪宗时期金山仍是双塔。

明朝穆宗隆庆三年（1569），明了法师在北塔旧址重建一座新塔，改名为“慈寿塔”，自此再无双塔出现，基本形成了金山北塔南亭的格局，延续至今。据此我们基本上可以推断，双塔最终毁于宪宗到穆宗这一百年左右的时间里，具体年代目前未见史载。

清咸丰年间，太平军与清军在镇江激战，金山寺毁于战火。那么此次战火，慈寿塔有没有被毁呢？许多著述中都语焉不详，有的甚至认为是完全被毁，现塔为光绪年间住持隐儒所复建。事实真是如此吗？

笔者供职报社，并长期编辑地方文史版面，也得以有缘见到诸多关于金山的珍贵的老照片，这些老照片相当部分也都在《镇江日报》刊发过，其中有两张特别值得一提：一是 2008 年 2 月 19 日刊发的英国收藏家布莱特先生委托苏州收藏家谭金土辨认后提供的一张金山老照片，受到众多读者的一时热评。二是 2009 年 5 月 11 日又刊发了四川成都刘宜静先生收藏的一张金山老照片，画面内容与前相近，画质更加清晰细腻。这两张老照片拍摄时间大致相近，距今约一百四十年前左右；画面信息也极其珍贵，不仅再现了当年金山“门泊东吴万里船”的景象，还留下了这难得的慈寿塔光秃秃的模样。

布莱特传来的照片

刘宜静收藏的金山老照片

据相关资料考证，清咸丰三年（1853）太平天国农民起义，战火曾将金山殿宇全毁，慈寿塔外层塔檐尽焚，然因慈寿塔主体建筑为仿砖木结构，虽外层塔檐被焚，然塔座依然，这两张老照片上呈现的就是慈寿塔恢复旧貌时的模样。金山寺毁于战火后，同治三年谋划复建，至同治十年(1871)十一月告竣，但是慈寿塔依然“光着身子”，没有修复塔檐和塔刹。直到清光绪二十一年（1895）时，慈寿塔才恢复旧观。同时根据金山和南岸完全相连的时间为光绪三年（1877），而照片上的山门前仍是一片水泽，据此推断，这张照片应该摄于1877年之前。又根据金山寺庙修复于同治十年（1872）十一月，所以可以推断这张照片的拍摄年代为1872年至1877年期间。

同大多数20世纪之前中国的老照片一样，这两张照片是采用蛋白工艺印制的。由于摄影术是由外国人发明的，早期中国的照片几乎都是由外国传教士、探险家、商人以及驻华外交官拍摄，这些照片目前保存下来的数量非常有限。特别是一些精品，大多为国外的博物馆和收藏家所收藏，保存在国内的则更是稀少。像这两张金山老照片历经一百四十年沧桑，依然能够通过它出色的饱和度和对比度，把金山当年的实景重现在世人面前，殊为难得。

光绪年间，住持隐儒沿门托钵，多方募化，并得到了两江总督刘坤一的支持，历时五年，终将慈寿塔雄姿重现，其修复之功亦可彪炳史册。

刘坤一像

在慈寿塔外底墙上，还刻有“天地同庚”四个大字。据传，这四个大字就是刘坤一的书童——八岁的李远安所写。这里面还流传着一个故事：

慈寿塔重新建成的这一年，适逢慈禧太后六十寿辰。刘坤一进京朝见，却忘了携带寿礼，慈禧很不高兴。刘坤一见此情景，赶紧上前跪奏：“老佛爷六十大寿，卑职没有什么厚礼，只是在江南名胜镇江金山造了一座宝塔，取名慈寿塔，祝您长寿万岁。”慈禧心想这宝塔标上她的名字，兀立在江南名山之巅，实在非同一般寿礼，不由渐露喜色。得意之余，她突然问刘坤一：“你祝我长寿，那你看看我能活多少岁呢？”刘坤一一听，张口结舌，一时无言以对，这无论说多说少，搞不好都会招来杀头之祸啊。正在左右为难的时候，他八岁的书童李远安从身后很敏捷地递给他一张小纸条，他一看如获至宝，迅速呈上。慈禧展开一看，是“天地同庚”四个大字，喜笑颜开，大大奖赏了刘坤一。后来，这四字便被刻在了慈寿塔上。

慈寿塔八面七级，内有旋式木梯，外有栏杆相倚，面面有景，层层风光各异。登及塔顶，凭栏眺望，吴楚天低，无尽风景，尽收眼底：东望金山湖碧波浩渺，焦山北固历历可见；北面长江如练，百舸争流；西眺润扬长江大桥雄姿在目，车流不息；南边则是繁华都市，霓虹与青山点缀，令人赏心悦目。宋代著名政治家、文学家王安石写有一首《金山》诗，诗云：

数重楼枕层层石，四壁窗开面面风。

忽见鸟飞平地上，始惊身在半空中。

千年以降，这种心旷神怡，至今仍可体会。登楼吟咏，犹如对语古贤，岂不妙哉！

第四节　江天一览

由于金山寺在中国佛教史上的特殊地位，历代帝王对它都倍加关注。梁武帝在金山泽心

苏东坡（西湖拾遗绣像）

御码头

寺举行了史上第一次水陆大会；金山寺第一代开山祖师灵坦是唐代天后武则天的侄孙，第二代开山祖师法海则是相国裴休之子，山、寺皆得唐宣宗赐名；元朝三代皇帝相继在此举办水陆大会，赏赐甚丰；明代释澈法师任金山方丈时，曾为万人开堂传戒，皇帝赐袈裟一件……历代帝王与金山的渊源，难以尽述。

及至清代，与金山关系紧密的帝王就要数康熙、乾隆这祖孙俩了，在金山西南山脚建有行宫。金山东北水边有一牌坊，上书“御码头”，康、乾二帝均六下江南，多次由此登临金山，题字作

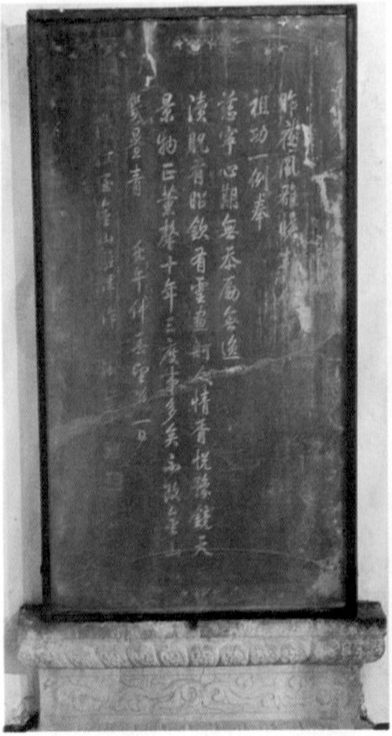

乾隆御碑

乾隆御碑

诗，赠送藏经珍品。乾隆皇帝六次驻跸金山，留下诸多御笔御诗，夕照阁里完整保存有七块乾隆御碑。乾隆还亲自在金山选址建起文宗阁，庋藏御赐的《古今图书集成》及《四库全书》。

登上金山之巅，会看到一个碑亭，名留云亭，亭下是“江天一览”碑,故此亭又名“江天一览亭”。登临此地，既可俯瞰金山寺风貌，也可远眺四面水光山色，只见大江东去，江天一览，诚雄观也！据说当时登临金山之巅的康熙见此满眼风光，很

“江天一览”碑

是激动，唤人备好笔墨纸砚，执笔挥写，“江天一”三个字一气呵成，而第四个“览”字，因为笔画多，一时竟想不起来，却又不肯“不耻下问”，只是口中念着“江天一览”四字，无从落笔。周围大臣侍从一见此景，知道皇上遇到难题了，但又不敢直截了当上前提示，虽然一字好提，却怕招来欺君杀头之罪。正在为难之际，有一大臣计上心来，下跪在皇帝面前，说了一句“臣今见驾”。康熙一听“臣今见”，恍然大悟，随笔写出“览”字。因为“览”的繁体字正是“臣、今、见”三个单字组成，这位大臣巧妙地用拆字法提醒了皇帝。由于康熙愣了许久才勉强写出“览”字，所以这一字显得特别细小。

其实，不仅帝王，历朝历代都有不少文臣武将在金山留下了自己的印迹，其中既有众多耐人寻味、可供研究的诗文，也有众多口耳相传、引人入胜的传说。从留云亭往南下山，可以看到一处建筑，名妙高台。“妙高”是梵语“须弥”之意译，《金山志》载：“妙高台在伽蓝殿

金鳌岭

后，宋元祐僧佛印凿崖为之，高逾十丈，上有阁，一称晒经台。”后几经兴废。现妙高台为 1991 年慈舟法师主持重建。

镇江的赏月佳地，妙高台要排第一。赏月佳地自然要风光好，且要有水临照。金山秀丽，天高月明，可以登高台，仰头赏天上月，低头玩水中月，又在佛门清静地，寂寥无人语，自然是清静无匹。苏轼曾多次游历金山，与佛印等交往深厚，据统计，他一生曾十多次来到金山，写下了大量的文学作品，比如《金山妙高台》

留云亭

七峰亭

就把这里比作仙境："我欲乘飞车，东访赤松子。蓬莱不可到，弱水三万里。不如金山去，清风半帆耳。中有妙高台，云峰自孤起。"

在妙高台上，苏轼还留下了"袁绹高歌东坡起舞"的佳话。宋蔡绦《铁围山丛谈》记载："东坡公昔与客游金山，适中秋夕，天宇四垂，一碧无际，加江流倾涌，俄月色如昼，遂共登金山山顶之妙高台，命（袁）绹歌其《水调歌头》曰：'明月几时有，把酒问青天。'歌罢，坡为起舞，而顾问曰：'此便是神仙矣。'"袁绹是当时宋代教坊的著名歌者，和唐代李龟年齐名，放在今天至少是和刘欢一样重量级的歌手。如今妙高台边的围墙上，正刻有苏轼的这首《水调歌头》。

武将之中，最可一说的当数南宋抗金名将岳飞了。岳飞北宋末年投军，十余年间率领岳家军同金军进行了大小数百次战斗，所向披靡，“位至将相”。岳飞多次到镇江，每到必上金山寺，与道月结为莫逆之交。宗泽对岳飞有知遇之恩，宗泽死后，岳飞还奉旨与宗泽之子宗颖扶柩还京口，守墓数月。

距离御码头不远，有一座不起眼的小山，

清代金山行宫图，载卢见曾编《金山志》

御码头

御码头

名金鳌岭。鳌就是传说中海里的大龟。御码头旁边还有一块大石头，从山脚一直伸到水中，名戏鼋石。鼋也是一种大龟，相传僧人只要在这石上敲击木鱼，乌龟就会爬上来与僧人戏玩。宋苏舜钦有诗：“叩阑见鼋鼍，扬首意自得。”唐以前镇江即为长江出海口，金山之侧海龟出没是正常的事，这些地名也传达着丰富的历史信息。

据说旧时金鳌岭的模样跟今天并不一样，岭上原有七座小山峰，又称七峰岭，后七峰为秦桧所削。说是岳飞在朱仙镇打了胜仗，正要乘胜追击打过黄河，不想一连接到十二道金牌，召他速回京城临安。这一日，岳飞夜宿瓜洲客栈，半夜做了一个梦，梦见两条狗相对讲话。他觉得很奇怪，心中一直不解。

次日，岳飞来到镇江，拜访老朋友——金山寺道月禅师，问禅师：“昨夜营宿瓜洲时，梦见两条狗讲话之事。未知是吉是凶、是福是祸？”

道月闭目不语。

岳飞又说：“此梦，还请大师续圆。”

道月方开口答道：“此乃惊愕而梦。二犬对言，是一‘狱’字，此去恐怕有牢狱之灾，务

访道月于金山寺(《说岳全传》以文居刻本)

必谨慎。”并以“将在外，君命有所不受”之理，劝岳飞三思而行，不要回临安。

然而，岳飞乃忠心之人，不敢有违皇命，而且他觉得自己刚打了胜仗，奉诏回临安，怎么会有牢狱之灾呢？因此仍然坚持要回临安。道月大师没有办法，只好送他启程，临别时赠诗曰：“风波亭下浪滔滔，千万留心把舵牢。谨备同舟人意歹，将身推落在波涛。”并言：“元帅此去，心坚如铁，我也无缘救渡了。有个偈语，请你带走——岁底不足，谨防天哭，奉下两点，将人害毒。”

岳飞听闻，未解其意，日夜兼程，赶到了临安，果然被秦桧以“莫须有”的罪名诬陷入狱。

这天，正好是腊月二十九，北风怒号，大雪漫天，岳飞被带出牢狱，突然明白了道月禅师的偈语。“岁底不足，谨防天哭”，那年的十二月是“小月”，只有二十九日，天下大雪。“奉下两点”，是“秦”字，暗指秦桧“将人害毒”。行至风波亭下，想到道月所说“风波亭下浪滔滔”，明白今天已是必死无疑了，仰天长叹：“悔不听道月之言！”

有人将此密告秦桧，秦桧一听，吓了一跳：

这道月真是神机妙算，竟能知道我的计谋，这等人不能留在世上。立即派差官何立率兵前往金山寺捉拿道月。

何立到金山时，道月正在堂上说法，下面围坐了数百名僧人。道月知道来者不善，仍然不慌不忙，重整衣裳，问询大众，口中念念有词曰：“吾年四十九，是非终日有。不为自己身，只为多开口。何立自南来，我向西方走。不是佛力大，几乎落人手。”说罢，竟当众就地坐化而逝。

何立回到临安，将所见情况向秦桧禀报，

“岳飞访道月”浮雕

秦桧目瞪口呆。何立又说："金山西北有七峰岭，依次排开七座小山峰，是一风水宝地，每代出高僧。"秦桧盛怒，派人将七峰岭削平，意在坏金山风水。

这是明清《说岳》小说里的故事，不过在民间却流传极广。后来，克勤禅师住持金山寺，以募化修殿为名，在此建了错落有致的七座阁，名曰七峰阁，以纪念岳飞和道月。之后屡经兴废，改建为七峰亭。现今这座阁仍旧屹立，匾额为当代高僧茗山法师所题。

第五节　文宗阁

清朝《四库全书》的纂修，是中国文化史上的一次重大的文献整理活动，这次修书活动由乾隆皇帝亲自倡导、集聚了纪昀等三百六十多位高官学者、费时十三年方成。虽然在编修过程中存在禁书、毁书等钳制思想，铲除异己等行为，但客观上却全面总结和系统整理了三千年来中国封建文化的学术成果，保留了丰富的典籍。修书用经、史、子、集四部分类，故名四库；共收书三千四百六十一种，总计七万九千三百三十七卷，约九万七千七百万字，基本囊括了自上古流传至清初的绝大部分著作，故称“全书”，合名《四库全书》。

《四库全书》被称为“典籍总汇，文化渊薮”，卷帙浩繁，不曾付梓刊行，乾隆皇帝命人手抄了七部。并在全国选址，先后建了七家藏书阁，专门贮藏这七部《四库全书》。即“北四阁”：紫禁城文渊阁、盛京（沈阳）故宫文溯阁、圆明园文源阁、承德文津阁；“南三阁”：扬州大观堂文汇阁、镇江金山文宗阁、杭州圣因寺文

文宗阁

文宗阁

澜阁。

略观七阁之名，你很容易会发现这样一个有意思的现象：“渊、溯、源、津、汇、宗、澜”七字，唯“宗”字不含“水”部，这又是怎么回事呢？历来众多专家学者研究破解，众说纷纭，莫衷一是而又乐此不疲。总的说起来，大致有这样几种说法。

一种说法是乾隆皇帝“尊崇皇祖”，“皇祖”是谁？当然就是他的爷爷康熙了。说的是在乾隆四十三年（1778），乾隆皇帝赐了一部《古今图书集成》于金山寺行宫，这部《古今图书集成》

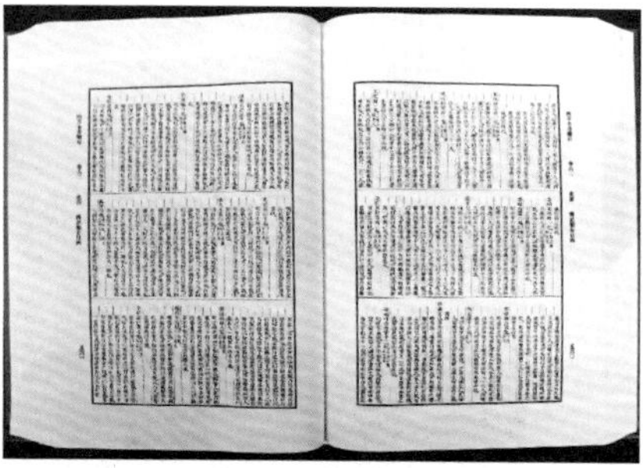
《四库全书》

也相当不一般，除了包罗万象，更是由康熙皇帝钦赐书名、雍正皇帝作序、历两代皇帝而成的，正是为保存好这部巨著，两淮盐政才拨款修建的文宗阁。于是有研究者就认为文宗阁之名“真正内在的原因是恪守封建礼法制度的需要”,《古今图书集成》《四库全书》两部书“辈分”不一样，命名自然也要区别开来。另一种说法是所谓“江河朝宗于海”，镇江古为海门，襟江连海，又是京杭运河的重要节点，算得锦绣江南的门户，以“文宗”命名，意在强调大清四海一统的整治文化观，乾隆在《再题文宗阁》中有“百川于此朝宗海，是地诚应庋此文”之句。还有一种说法相对简单，因而也更多地在坊间流行，那就是乾隆皇帝认为金山本就在江中，四面环水自然是不缺水的，不需要带“水”部。

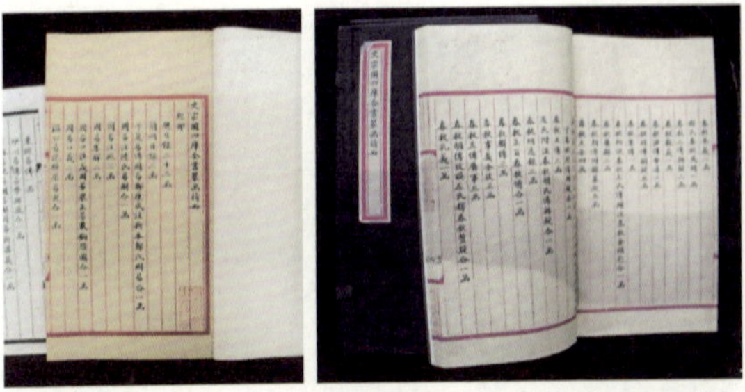

文宗阁《四库全书》

书为纸，阁为木，都是怕火的，自古藏书楼也是多毁于火。时代风云翻卷激荡，藏书楼的命运多颠沛乖舛。伴随中国近代史上的频繁战乱，“四库七阁”也历经沧桑，饱受摧残。“北四阁”中的文渊阁、文溯阁、文津阁建筑保存至今，阁中书籍现藏于台北故宫博物院、甘肃省图书馆、北京图书馆等地。而文源阁则于咸丰十年(1860)英法联军攻占北京焚掠圆明园时，阁书俱毁。“南三阁”的命运则更为悲惨，镇江文宗阁于咸丰三年（ 1853 ）太平军攻克镇江时，阁书同毁。次年，扬州文汇阁亦毁于太平军战火。只有杭州文澜阁得以幸存，其藏书在咸丰十一年(1861)太平军二次攻入杭州时损失大半，后经丁申、丁丙兄弟搜集散失藏书并发起抄补缺失部分，得复旧观，今藏浙江图书馆。

《四库全书》

金山文宗阁建于乾隆四十四年（1779），毁于咸丰三年（1853），前后存世不到七十五年，令人扼腕唏嘘！

文宗阁毁于兵燹之后，复阁重建成为众多仁人志士的心愿。清末著名版本学家莫友芝曾受曾国藩之托，于1865年专程到镇江寻访文宗阁遗书。曾任礼部尚书、江苏学政傅良专门上奏，要求复阁未成。光绪十二年（1886）江苏学政王先谦出题“拟修复文宗阁抄藏”考诸生。光绪十七年(1891)镇江知府王仁堪制订复阁计划，也因调任苏州而落空。社会贤达沈恩孚、南菁秀才刘翰等也呼声不绝，但都谋而未果。

到上世纪30年代初，乡贤吴寄尘慨然以恢

复文宗阁为己任，并付诸行动，在金山西南云台山上辟了块平地，建起了绍宗楼，以抒发自己继承和恢复文宗阁的志愿。绍者，连续、继承也。顾名思义，绍宗楼所传承延续的正是文宗阁之文脉。吴寄尘、冷御秋、丁传科、柳诒徵、尹石公、陆小波、严惠宇等一大批名儒乡贤也都积极投入到绍宗楼的建设、管理和维护中，该楼藏书最多时古籍达九万余册，在近现代战火纷飞的岁月中，这栋楼的矗立也昭示了镇江这座城市对书卷的敬畏和对历史的尊重。2003

文宗阁

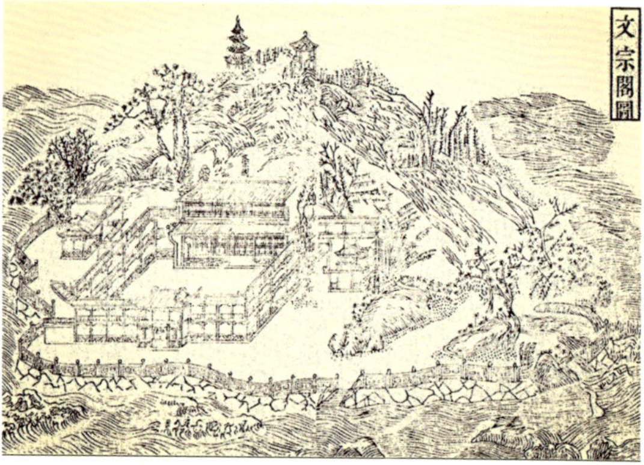

文宗阁图

年，基于古籍保存难度等多方面因素的考虑，绍宗楼八万六千余册藏书被全部移至镇江市图书馆。绍宗楼藏书移藏后，工作人员照例对古籍进行常规的整理修复，这个日常的工作却带来一个意外的惊喜：嘉庆十一年（1806）重修的《两淮盐法志》中，竟然有很多学者苦寻多年都没有找到的当年文宗阁的建阁草图，由高檠绘图，为实景写真，与现存文献中对文宗阁的文字描写高度相符！

文宗阁图出现在《两淮盐法志》中并不足为奇。据史料记载，文宗阁是由两淮盐政出资兴建，在“南三阁”中最早建成，式样与扬州的文汇阁、杭州的文澜阁以及“北四阁”类似。阁建成后，两淮盐政及两淮盐运使主管文汇、文宗两阁，经费开支亦由其提供。典书官由两淮盐政提名，奏请清廷谕准后出任，并委派诚实可信、有相当学养的绅士负责校理、借阅等相关工作。所以作为地方文化重要设施的文宗、文汇两阁，被收入《两淮盐法志》也就不足为奇了。

这幅文宗阁建阁草图的发现意义重大，多少年来，镇江复建文宗阁的提议从未停止，却终因选址、规制等因素而停滞不前，这幅草图让夙愿逐步走向了现实。2008 年 4 月，知名学

文宗阁

者、清史专家阎崇年来镇江讲学时，专门寻访考察了文宗阁遗址，回京专门给镇江市领导写信，认为条件成熟，建议复建，让这座反映人类文化遗产的重要藏书楼再现金山。这封信也得到了镇江市委、市政府的高度重视，结合镇江北部滨水区建设的大力推进和金山公园的改造升级，文宗阁复建工程在 2010 年 3 月正式开工，历时一年多时间，于次年 10 月开阁，并新购《四库全书》入藏。开阁之日，阎崇年先生再次来镇，并在阁前开讲。

复建的文宗阁在金山东南，距原址往东约二百米，但四面环水，与当年环境相仿。新阁总建筑面积为一千二百八十六平方米，主体藏书楼是硬山顶重楼式，从外观来看是两层，里面实际有三层。并依据地形进行院落布局，建筑物大小、高度都尽量符合历史旧制，阁与门楼相对，两侧以廊相连，形成院落，内外空间交融通透，亭阁回廊左右辉映，慈寿塔影高耸入院，湖中画舫清风入怀，具有浓浓的人文书卷气息。

藏书楼一楼，迎面的屏风上是清代镇江诗人张慰坤撰写的《金山文宗阁赋》，右侧的展板上是对《四库全书》的综述，左侧的展板则介绍了文宗阁史略、庋藏图片目录及文宗阁先贤。二楼是藏书处，收藏着故宫博物院监制的仿古版一千一百八十四册大八开手工线装《四库全书》、国家图书馆复制而来的《文宗阁四库全书装函清册》及文宗阁唯一遗存下的古书《日涉园集》影印件、三本收录《四库全书》目录的古书等。三楼则是学术研讨厅。读书其中，阁中墨香四溢，手批卷册抄书勤；推窗望远，阁外月色临窗，树影轻摇中流现，令人沉醉。

第六节　云根岛

塔影湖在金山西，这块地方原来并不是湖，金山登陆后，这里相当长时间里都是一片芦苇

云根岛

郭璞像

滩，芦苇滩是血吸虫滋生之地，旧时镇江也是血吸虫病的重灾区。新中国成立后，在党的领导下，人民群众掀起了一场消灭血吸虫的运动，在这里开挖淤泥而成湖面，如今的百花洲就是淤泥堆积而成。因为湖面能倒影金山宝塔，人们慢慢相沿成习而呼之为塔影湖。在长江路和一泉路的拐角处，辟有大门，进门即到塔影湖景区。由于一泉路的修建，塔影湖景区看上去仿佛成了金山的一块“飞地”，但实际上这里不仅在管理上属于金山公园的一部分，在历史和文化上也是金山密不可分的一部分。

从百花洲沿湖边往北，可见一组错落的天然奇石，如半岛般探入湖中，这就是云根岛，相传为大名鼎鼎的郭璞墓葬所在地。据记载，直到明清时，云根岛上都还有墓碑，上书“晋赠弘农太守郭璞之墓”，并设有进香之处，山体上还刻有苏轼题写的“万丈碧潭”大字。在多本旧志所载地图中，包括明代雪舟《唐土胜景图卷》中都能看到“郭璞冢”所在，但如今漫步云根岛，柳堤贯穿其中，却已无墓碑及其他标志可寻。

郭璞，东晋文学家、训诂学家，博学多才，

明代雪舟《唐土胜景图卷》（郭璞冢可见）

注释过《尔雅》《山海经》《楚辞》等重要著作。除了有极高的学术成就之外，郭璞还精于风水命相，是中国风水学的鼻祖，其所著《葬经》也被奉为中国风水文化之宗。据说他能未卜先知，擅诸多奇异方术，是名动当时的方术士。

然而，正是因为精通方术，最终给郭璞带来了杀身之祸。东晋初年，荆州将军王敦欲谋反，不知吉凶，时人皆言大吉。再请郭璞卜筮，郭璞却告诉他“无成”。王敦又问若起事的话自己能够活多久，郭答：“明公起事，必祸不久。若住武昌，寿不可测。”告诉他不可以起兵造反，

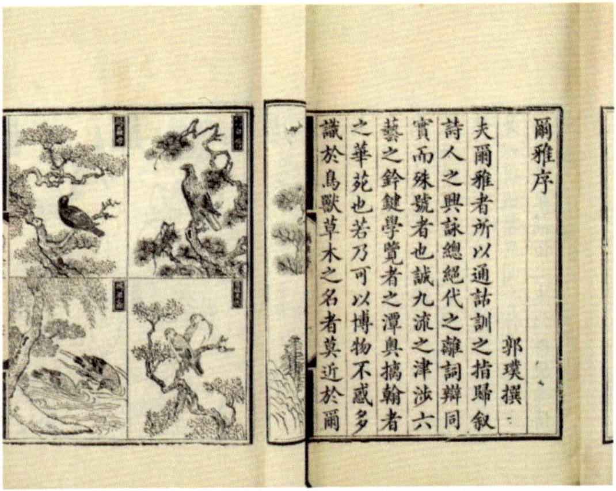
爾雅序

郭璞撰

夫爾雅者所以通詁訓之指歸叙詩人之興詠總絕代之離詞辯同實而殊號者也誠九流之津涉六藝之鈐鍵學覽者之潭奥摛翰者之華苑也若乃可以博物不惑多識於鳥獸草木之名者莫近於爾

郭璞《尔雅》

方可命久。王敦大怒，问道："卿寿几何？"郭璞算了下，说："命尽今日日中。"果然，盛怒之下的王敦当天中午就把他杀了。是年，郭璞仅四十九岁。

王敦起事后，两个月不到战败，愤懑而死，一一都被郭璞说中。王敦战乱既平，郭璞被追赠为弘农太守，郭璞后人载其灵柩离开了荆州，不知所往，成为一个千古之谜。后来晋明帝在南京玄武湖畔修建了郭璞的衣冠冢，名"郭公墩"，保留至今。是的，就是前文在讲述金山寺创建时提到的晋明帝，这个在位时间只有三年的皇帝，成功平定了王敦之乱，稳定了东晋初期的局势，他以弱势之中央，做到了对权臣的制衡，对东晋国家大局的影响深远，也与金山结下了不解之缘。

郭璞墓为千古之谜，镇江怎么又会出现郭璞墓了呢？曾在镇江府任职的元代诗人萨都剌，对此也感到疑惑，写诗说："当年郭璞因何事，来葬江心作浪传？"清刘名芳编《金山志》载："郭公墓，在山之西石牌山，相传郭璞葬此，有石碣，岁江水泛滥，不没。"这既肯定了当年此地确实有郭璞墓存在，而且很神奇，无论江水如何泛滥，

云根岛上的牌坊

从未被淹没。这一神奇之处，张蕴也援引老僧的话写过诗："八十老僧相引说，潮痕不上郭公坟。"卢见曾编《金山志》则载："郭璞精风水，凡遇吉地，必剪爪发以瘗之，因而郭璞墓所在皆有。"这一说法得到更多人认同，认为云根岛有郭璞墓，亦为其衣冠冢。

还有一种说法在民间流传极广，说是此处墓葬是郭璞生前就相中的。郭璞曾游历至京口，他站在金山之巅，抬眼远眺，山峦起伏，连绵相接。背山而立，面临大江，江风拂面，西来之水势如游龙。耳边林涛阵阵，鸟语花香，觉神清气爽，驻足流连，便给儿子郭骜留了话："我卒，可葬于金山脚下。"

郭璞是在山西为母亲守丧期满回宁后，被王敦征招到武昌幕府的，之前一直是王导的人。郭璞随征前，就预测此去凶多吉少，便给郭骜作了交代，除了指明身后葬地，还告诉了死后下葬的办法：将尸体装殓进棺后，用船运棺至金山寺西南处的江面上，直接把棺材放入江里，其他事别管。还特别嘱咐，不管发生了什么事，也不要回头看。

郭璞死后，郭骜等家人前去收尸，一一照办。

但是，当郭璞的棺材刚一入水，突然惊涛骇浪，冲天而起。郭骜立即背过身去，接着又是如炸雷般的一声巨响，郭骜惊恐之下，忍不住就扭头看了一下。

刚才放棺的位置，原来还是一片江水，此时却出现了一个小山头，正在往上长。但郭骜这么一回头，山头立即不长了。这个小山头即是今天的云根岛。这个岛小归小，无论潮涨潮落，都不会被水淹没。

这个故事极具神话色彩，有人借此故事把

郭璞称作中国历史上实行“水葬”的第一人，自然是附会了，一乐而已。历代有众多名士来此凭吊郭璞，如宋代刘克庄、张蕴，元代冯子振、萨都剌、王恽，明代沈周、沈朝焕，清代孔蕙、谭允谦、宋琬等，留下了众多的诗歌和文章。

第七节　芙蓉楼

寒雨连江夜入吴，
平明送客楚山孤。
洛阳亲友如相问，
一片冰心在玉壶。

芙蓉楼夜景

周镐《京江二十四景》之“蓉楼话雨”

唐人王昌龄的《芙蓉楼送辛渐》是一首送别诗，中小学生必背篇目，诗眼“一片冰心在玉壶”是千古名句。这首名诗也让芙蓉楼名扬天下，蜚声古今。如今，斯楼就矗立在金山之麓、塔影湖畔。

沿云根岛，过九曲桥，即可见到临湖展翅的芙蓉楼。这是一座典型的重檐歇山式仿古建筑，高十九米，分上下两层，匾额上“芙蓉楼”三个大字由中共中央原总书记江泽民所题。

在芙蓉楼的两侧，有两座仿古建筑，东北面为“冰心榭”，是展示中泠泉的水质和演示茶艺的场所；东南面是“掬月亭”，是观看湖中的三座石塔和明月倒映水中相映成趣的佳地。在后门入口处，勒有已故原镇江师范专科学校杨积庆教授撰写的《重建芙蓉楼记》:“自唐昌龄芙蓉诗出，玉壶冰心，古今竞赏；寒雨连江，天下绝唱……”通篇不过千余字,确属绝佳美文。记中有言：“1991 年秋，镇江市人民政府鉴于社会各界有识之士提议，乃于天下第一泉西侧，辟地鸠工，重建芙蓉楼，期年竣事。”

也就是说，这座历史名楼是 1992 年移址重建于此的。那么，芙蓉楼原在何处？

答曰：城内鼓楼岗西月华山上。镇江芙蓉楼的记载最早见于唐代文献，唐李吉甫《元和

芙蓉楼

芙蓉楼

郡县图志·润州》记载:“晋(东晋)王恭为刺史,改创西南楼为万岁楼,西北楼名芙蓉楼。”又是东晋,距今也是一千六百余年。清《丹徒县志》中则记载得更加详细:“在府治(今鼓楼岗)西南有月华山,上有月观、月台、江亭、万岁楼、芙蓉楼(又名千秋楼)。”从以上二志可以断定:芙蓉楼创建于东晋,原址在润州旧城邑内月华山上。

月华山亦名万岁山,是古时镇江城“三山、

芙蓉楼

芙蓉楼雪景

五岭、八大寺”之一。芙蓉楼为当时旧城邑内最高古楼，高七丈余，登楼远眺，北有长江横陈，南有诸山绵绵，邑地一览无余。清朝道光、咸丰年间，芙蓉楼不幸毁于兵乱，千古名楼遂不复存。镇江诗人瑞清曾感叹：“几度欲将遗址觅，不知何处采芙蓉。”新中国成立后，在月华山周围地区建设了镇江市塑料二厂，芙蓉楼故址被推平，建成一山顶车间，现山顶遗址已只见楼房与杂树了。

从上世纪80年代起，国内外学者开始关注镇江芙蓉楼的复建问题。1984年，施蛰存先生在编写《唐诗话》时就曾致函镇江友人，询及芙蓉楼现状并索要照片。同年也有日本学者教授专程来镇寻访芙蓉楼旧址。上海也陆续有人建议镇江复建芙蓉楼，诗词学家朱仁达先生曾专函致江苏省人大常委会发出呼吁。镇江市政府经反复推敲，决定在塔影湖畔移址重建。如今登斯楼，北望大江东去，水流如练，南眺塔影湖，波光粼粼，城市高楼与山岭掩映，真真是“总览城市山林之美，尽得江左风流之概”，尤其是夜间灯亮之时，与金山相对生辉，共映于湖面，实为胜景。

关注芙蓉楼的朋友一般都知道，在湖南黔

王昌龄像

阳也有一座芙蓉楼。当地研究者认为：王昌龄曾在黔阳做官，当地旧志中也有芙蓉楼的记载，认为芙蓉楼当在黔城，镇江、黔阳两地也因此有过一些笔墨官司。但实际上，“芙蓉楼在江苏镇江”这一论断早已得到十分广泛的肯定，绝大多数唐诗选集关于王昌龄此诗的注释中，都写明在江苏镇江。其实，这个问题并不复杂，王昌龄《芙蓉楼送辛渐》共有两首，另一首没前一首出名，但倒是把这个问题说清楚了。诗云：

丹阳城南秋海阴，
丹阳城北楚云深。
高楼送客不能醉，
寂寂寒江明月心。

两首前后合一，就能很明显地说明此诗是在镇江月华山上芙蓉楼吟就的，诗中“丹阳城”就是现在的镇江。进一步考察可以发现：除王昌龄的诗外，《全唐诗》中有六处提及芙蓉楼，全在镇江。当然，王昌龄曾任职黔阳，当地在清代或更早时间为纪念诗人，修建一座芙蓉楼是完全可能的，这就如同各地都有关帝庙一般，表达的都是一种崇敬和怀念，如此理解也便就好了。

第八节　天下第一泉

出芙蓉楼往西前行百余步，就来到了“天下第一泉”——中泠泉。

“蒙顶山上茶，扬子江心水。”这句著名的茶联既道出了中国饮茶之俗的源远流长，也道出了国人对饮茶所用茶叶和泉水的极度考究。是的，中泠泉“天下第一泉”的名号即源于品茶。

在中国茶文化史上，唐代张又新《煎茶水记》占有重要地位，此书对陆羽《茶经》进行了品鉴与发挥，尤重品评泡茶之水。他引用刑部侍郎、名士刘伯刍对天下名泉佳水的品鉴与评价

金山 天下第一泉 1908 年

说，天下“较水宜于茶者凡七等”，在这“七等”中，刘伯刍将镇江金山中泠泉排在了第一。

“天下第一泉”之美誉自唐迄今，盛名不衰。历朝历代，吟咏中泠“天下第一泉”的名家名句层出不穷，如南宋名臣文天祥有诗：“扬子江心第一泉，南金北来铸文渊。男儿斩却楼兰首，闲品茶经拜羽仙。”元朝萨都剌有“山中有景无多地，天下知名第一泉”的诗句。明代闻名天下的唐伯虎也有诗曰：“日斜未放沧浪渡，饱酌中泠洗宿心。”清朝举个皇帝的例子，比如六下江南的康熙，他在镇江留下了许多诗作，嗜茶的他自然也品评过中泠泉：“缓酌中泠水，曾传第一泉。如能作霖雨，沾洒遍山川。”一代雄主甚至想象着要让这泉水化作“霖雨”，洒遍他的江山。

泉水在滚滚江水深处，本身就极具神奇色彩，其汲取之法自然也非同一般。根据古籍记载，取中泠泉水首先必须在每日子、午两个时辰，因为泉眼并不是整天出水，而是只在子、午这两个时辰长江涨潮之时，方有泉水汩汩而出。其次是要找准泉眼，以前泉水在江中，江水来自西方，受到石牌山和鹘山的阻挡，水势曲折转流，分为三泠（南泠、中泠、北泠），而泉水就在中间一个水曲之下，故名“中泠泉”。汲取方法则是行船至泉眼上方，将特制的带盖铜瓶

天下第一泉

中泠泉

用绳垂下，至泉眼之中时迅速拉开盖子，再迅速盖上，如此方可。南宋陆游为官京口时就有诗句提及汲取泉水之难："铜瓶愁汲中泠水，不见茶山九十翁。"特定的时间、特定的位置、特定的工具、特定的技术，如此方得盈盈一壶泉水，怎不稀罕？

这来之不易的中泠泉水是极宜煎茶的，泡出的茶水不仅"绿如翡翠、浓似琼浆"，清香甘洌，令人回味生津，而且还有两大神奇之处：一是"盈杯不溢"，贮泉水于杯中，高出杯口两三分不会溢出；二是“浮钱不沉”，水面放上一枚硬币，漂浮不见沉底。中泠泉水的特别之处，可以从两个故事管窥之。

一个有关唐朝名相李德裕，他“三在浙西，出入十年”，长期出镇润州，与镇江结下了深厚的缘分。李德裕离开润州担任宰相后，有个亲信奉命到润州办事。临行前，李德裕交给他一件差事，让他去中泠泉取一壶泉水回长安。没想到这个亲信办完公务，喝醉了酒，把取水的事忘得一干二净。等他酒醒之后，船已开到南京。怎么办呢？他就在江中打了一瓶水，返回长安后，献给李德裕。李德裕饮了用这瓶水沏好的茶后，叹了口气，说：“江表水味，有异于顷岁矣，颇似建

天下第一泉

李德裕像

陆羽像

业石城下水。”意思是这水和以前的味道大不一样啊，很像南京城下的江水。亲信瞠目结舌，赶紧说出事情原委，请求李德裕原谅。

另一个有关茶圣陆羽。说是唐代宗时，李适之的儿子李季卿出任湖州刺史，到扬州时碰上了陆羽，心想能在中泠泉水附近，碰上“茶圣”，是件千年难逢的事，怎么能错过这个机会呢？于是专门去拜访陆羽。两人相谈甚欢，李季卿派了一名机灵的军士，携带着铜瓶，驾着小船取来了中泠泉水。陆羽拿勺在瓶中舀了舀，说：“江水倒是江水，可不是中泠泉水，像是岸边的江水。”那个差人辩解说：“我取水时有百人所见，哪敢用假的欺哄？”“茶圣”当然并非浪得虚名，他把铜瓶中的水倒了一半，用勺扬水说：“好了，从这里开始才是真正的中泠泉水。”军士大惊，只得如实相告，原来他从中泠泉取好水后，抱着铜瓶上岸时，船体摇晃翻倒了不少，因恐水量不够，就舀了一些江岸的水充数。李季卿连连感叹：“陆处士神鉴也！”

托沧海桑田之功，如今取用中泠泉水没有那么惊险奇诡了。清咸丰、同治年间，金山渐渐与南岸陆地相连，中泠泉也随之登陆，并曾一度迷失。同治八年(1869)，候补道台薛书常、都转盐运使庞省山等几位“省领导”专程来察

上海闸北公园陆羽塑像

天下第一泉

访中泠泉，根据位置及“子午泉涌”等特征发现了泉眼，遂命石工在泉眼四周叠石为池，并由常镇道观察使、藏书家沈秉成，于同治十年(1871)春写记、立碑、建亭，渐成胜地。上了岸的中泠泉仍受到广泛珍爱，日本招提寺森本长老在护送鉴真大师塑像回扬州大明寺时，就曾专程来中泠泉品茗，并特地带走中泠泉水一壶，回日本国后供奉于鉴真大师像前。

如今游览中泠泉，最抢眼的当是方池南面石栏上“天下第一泉”五个苍劲有力的大字了。

书者为光绪年间镇江知府王仁堪，他还在池周造石栏，池旁筑庭榭，开塘植荷茭，筑土堤，种柳万株，成为一景。王仁堪是福建福州人，出身官宦，祖父任过巡抚、工部尚书等职，父亲也官至刑部主事。王仁堪二十九岁时中状元，在京城当过翰林院编修之类的职务。光绪十六年（1890）十月，外调任镇江知府，光绪十九年（1893）七月转任苏州知府。是年十月积劳成疾辞世，年仅四十五岁。王仁堪在镇江三年不到的时间，是他最主要的地方任职经历，做了很多令人称颂的好事，如妥善处理“丹阳教

中泠泉

王仁堪像

案”、创办南泠学舍（今镇江中学）、积极开塘设渠兴修水利、致力赈灾关注民生疾苦等，他的事迹被收入《清史稿·循吏传》，他也是中国封建史上最后一位被载入正史的“循吏”。

池南建有八角亭，双层立柱，取名“鉴亭”，是以水为镜、以泉为鉴之意。亭中有石桌石凳，供游人小憩。池北建有两层茶楼一座，环境幽静，林阴覆护，风景清雅，是游客品茗佳处。楼下层前壁左侧，嵌有沈秉成所书“中泠泉”三字石刻；右侧为“中泠泉”及薛书常“中泠泉辩”石刻拓片。

“茗外风情移月影，壶边夜静听江涛。”漫步到这中泠泉畔，临风品茗，怀古思今，眼前杨柳依依，风景如画，实不失一桩快事。

第三章 传说故事

在中国众多的名山大川中，民间传说神话故事从来都不会缺位，金山也是如此。在镇江，流传着众多精彩纷呈的关于金山的民间传说故事，这些故事与金山本身厚重的历史文化一起，构成了金山独特的文化积淀，让这座风景秀丽

金山传说

《新白娘子传奇》剧照

的文化名山，多了一层更接地气、更加亲切的神秘面纱。金山能蜚声中外，这些广为流传的故事功不可没。

第一节　白娘子水漫金山

“白蛇传”是我国著名的四大民间传说故事之一，它起源古远、脍炙人口，可谓家喻户晓，深受广大人民群众喜爱，是我国民间文学中一颗璀璨的明珠。

“白蛇传”故事最早见于《太平广记》卷八所载唐传奇小说《李黄》，到宋《清平山堂话本》中收有《西湖三塔记》。明代冯梦龙《警世通言》

中话本《白娘子永镇雷峰塔》是“白蛇传”故事流变过程中的一个重要转折点，白蛇的形象由吃人的蛇精变成了追逐爱情的美丽女子。故事经年流传，至清时基本定型。故事梗概是白素贞修行千年，收青蛇为侍女，来到人间报恩许仙，断桥相会，二人结为夫妻。后来到镇江，遇法海作祟，端午节惊变，吓死许仙，白娘子盗仙草将他救活。由于法海步步紧逼，白娘子召集虾兵蟹将水漫金山，不想引动胎气，无奈退去。法海一路追踪，将白娘子镇于雷峰塔下，后又有许士林高中状元哭塔祭塔等等。

“白蛇传”故事中有许多重要情节如端午惊变、水漫金山等都发生在镇江，“白娘子水漫金

金山白龙洞　1929 年

山”也无疑是整个“白蛇传”中最精彩、最酣畅淋漓的一折，是故事的高潮部分。这个段落将白娘子敢于抗争、勇于追求爱情的形象刻画得深入人心。2005 年，镇江、杭州两地申报的“白蛇传”入选首批国家级非物质文化遗产保护项目。

应该说，金山的声名远播，有相当一部分来自于“白娘子水漫金山”的力量。根据镇江市文化局原副局长、江苏省民间文艺家协会原副主席郭维庚先生和镇江群众艺术馆原馆长、民间文艺学家康新民先生的收集整理，镇江一

金山白龙洞白娘娘与小青塑像 1929 年

带流传的“白娘子水漫金山”的故事大致是这样的：

许仙和白娘娘（当地人对白娘子的俗称）从姑苏逃到镇江，在五条街上开了一家保和堂药店，两人过得恩恩爱爱、甜甜蜜蜜。

有一年，镇江闹瘟疫，一个传染一个，得病的面黄肌瘦，没精打采，躺在床上的，倒在路边的，到处都是。白娘娘到镇江西门外三十里的一座叫“坎船山”、又名“百草山”的高山上采来草药，和许仙一起在店门口摆了一口圆桌大小的水缸，煎了满满一缸汤药，给人免费饮用，救了不少穷苦百姓的性命。镇江城内外到处传开了:“保和堂的药灵、人好。”这么一来，有病的个个都朝保和堂跑了。哪晓得，这件事触犯了金山寺的长老法海和尚。本来百姓有病，总跑到金山寺找法海和尚念经，念经是要给香钱的；不想如今有了病，百姓都往保和堂跑了，香钱收不到了，于是他怀恨在心。

有一天，趁白娘娘出门采药，法海找到许仙，说:“施主，老僧看你脸有妖气！”并告诉他白娘娘是千年蛇精，说你端午节要她喝雄黄酒，她一定不肯喝，她要是喝了，就会现出蛇

白龙洞

形来。许仙心生疑惑。端午节这天，他真的要求白娘娘喝雄黄酒；白娘娘百般无奈，最终倚仗自己根基好，勉勉强强喝了半杯，谁曾想还是扛不住药性，现了白蛇原形，将许仙吓死过去。

白娘娘又历经千难万险，从峨眉山盗来仙草，救活了许仙，两人重归于好。谁知许仙刚刚病好，法海又花言巧语把他骗上金山，藏在法座背后。

这下可急坏了白娘娘。小青跺着脚，说："姐姐，法海老秃驴欺人太甚！走，我们上山跟他要人，如若不给，就杀他个鸡犬不留。”白娘娘一想，事到如今，也只有上门要人了，不过还是先礼后兵的好。她齐眉扎起白绫包贴，上穿白绫短袄，下扎八幅罗裙，带着小青，一路出了镇江西门。转眼到了江边，只见白浪滔滔的长江中有一个小岛，小岛上上下下全是庙宇、禅房，隔江望去，香雾腾腾，那就是金山寺。

白娘娘脱下一只花鞋，朝江里一撂，江上立即漂起一只五花彩篷的木船。小船迎着浪头向前，一篷放到金山寺门前。

法海站在金山顶上，手执禅杖，早叫小和

白龙洞内

白龙洞内

尚把寺门关得像个铁桶似的。白娘娘一见法海，火从八处冒，本想狠狠地骂他一顿，又一想还是先礼后兵为好，便客客气气地道了万福，说：“长老，我和许仙是结发夫妻。如今我已怀孕六月，家中无人照料。看在我们夫妻面上，请放他回家……”

白娘娘好说歹说，法海总是闷声不响，站在那儿把个头仰到了天上。过了半天，他才指着白娘娘恶狠狠地骂道：“你这个孽畜，本是深山的妖精，怎好和许仙成婚？这里是佛门圣地，怎容你胡闹？”

小青一听，气得两眼直冒金星，抢上一步，大声骂道：“你这个老秃驴，放着经书不念，伤天害理，拆散人家夫妻。真是狗咬老鼠——多管闲事！”

法海气急败坏，把禅杖举了举，露出凶恶的真相，嚎叫起来：“阿弥陀佛，你们这两条蛇精，胆敢胡言乱语，兴风作浪，可不要怪我！”

白娘娘肺都气炸了，她站在船头，对着东、西、南、北各方合十一拜，说道：“各路龙王师兄，我白娘娘和许仙真诚相爱，只因法海一直从中挑拨破坏，威逼许仙修行。今天不为别事，只求夫妻团聚，请各位师兄帮忙。”说完对四方恭恭敬敬地叩了四个响头。

这时，只见天上乌云翻滚，狂风四起，白浪滔天。看着看着，江水哗哗直涨：东海的水、南海的水、西海的水、北海的水，一齐都往这里涌来了。法海一看，大事不好，金山寺一下被淹了半截子。他连忙把风火袈裟披上山头，只顾他的金山寺，不顾镇江全城的黎民百姓了。

这时，有个小和尚觑着眼从门缝里往外一望，吓慌了神。只见东边白浪滔滔的江面上，一排排扁担大的潮虾一蹦一跳，撅起来总有丈把高，吓得他舌头伸出来缩不进去；他再朝西边白浪滔滔的江面上一望，一队队圆桌大的龟精鳖怪，尾巴一皱，头一伸，都碰到金山寺门边儿了，吓得他心里“咚咚”直敲鼓；他再向

“白蛇传”瓷画

南边白浪滔滔的江面一望，一个个磨盘大的蚌壳上，站着手舞刀剑的标致美貌女子，看得他目瞪口呆；他再朝北边白浪滔滔的江面一望，一团团的螃蟹八只爪子，七手八脚，横着身子直往金山寺上爬；吓得小和尚嘴里直骂法海："这个老和尚啊，无缘无故地拆散人家夫妻，太平庵不住，偏要住心焦寺。这下子好，人家找上门来了，你是身穿蓑衣来救火——引火烧身，活该！"

这时，四海的水，汇聚到一起，一浪高似一浪，如同山呼海啸，向着金山涌去……

在"白蛇传"中，诸多镇江地名都是"实名制"。许仙开设保和堂的五条街自明清以来都是镇江极为繁荣的商业街，如今仍属镇江商业中心之地。在金山西北山脚下，有一洞穴名"白龙洞"，洞外塑有白娘子和小青之像，洞内石壁上刻"民间传说由此可通杭州西湖断桥"，说的是白娘子、小青在金山寺外与法海大战时，关在寺内的许仙焦急如焚，引起看门小僧的同情，悄悄指点他从白龙洞逃走。许仙进了白龙洞，走了许久许久才走到洞的尽头，出来一看，却是西湖断桥，白娘娘和小青早已在那里等候多时，一家团圆。在“百度地图”上量一下，自金山至断桥，约二百七十公里，如此说来，这个洞穴可能是世界上最长的“地道”了。也可为一笑。

回到史册，白龙洞古称“龙穴”。《高僧传·灵坦传》载：“润州江中金山，今泽心也。其山北面有一龙穴，常吐毒气如云，有近者多病或毙。坦居之，毒云灭迹。”无独有偶的是，历史上的法海禅师也曾在金山山腰洞中修炼，史籍中也

瓷雕

有“北岩有蟒，裴头陀入洞禅观，蟒遂去”的记载。这两个洞无论是天然形成还是人工开凿，都属于佛教中的“僧房窟”，这些诸如“洞中藏龙，高僧度蟒”的记载，很难说没有对民间传说产生影响。南宋林景熙《霁山集》有一首写金山寺的诗：“衲寄云林清海怪。”元人章祖程在其下注曰：“寺僧相传在先江中蛟鼍出没，平时兴波为患，后有神僧以袈裟镇之始息。”亦可见其中联系。

“白娘子水漫金山”当然是神话故事，自然不必去论述这场大战的所谓“历史真实性”。但古往今来倒次生出不少亦真亦假的“异闻”，现移录古今各一则，以为读者谈资。

一则是宋时著名政治家、科学家沈括所记。沈括晚年退居镇江梦溪园，撰成科学巨著《梦溪笔谈》，就记载有关于水漫金山的“异闻”。说宋“天圣中，近辅献龙卵，云：‘得自大河中。’诏遣中人送润州金山寺。是岁大水，金山庐舍为水所漂者数十间，人皆以为龙卵所致”。沈括还多次见过这个龙卵，“形类色理，都如鸡卵，大若五升囊；举之至轻，唯空壳耳”。

一则是2002年9月21日的《扬子晚报》，

发绣

报道说金山“近日”惊现一条白蛇，一条小青蛇也相继在同一地方出现，给这一民间传奇披上了一层“神秘”的色彩。记者“目击”到，这条白蛇长一点六七米，直径十厘米，从头到尾呈雪白色，白蛇的眼珠呈红色，晶莹发亮；青蛇长一点四二米，直径九厘米。据称，白蛇与青蛇均在白龙洞前御码头水中发现。

“白蛇传”的艺术表现形式非常丰富，民间故事、传奇、小说、戏曲甚至山歌，我国各地区、各民族的众多戏曲剧种如昆曲、秦腔、鼓词、八角鼓等，都有“白蛇传”曲目，“四大名旦”之首的梅兰芳大师就扮演过《祭塔》中的白娘子，戏剧大师张君秋、杜近芳、叶盛兰、关肃霜等都曾扮演过白素贞或许仙，赵雅芝、叶童主演的《新白娘子传奇》风靡全国。沿今金山公园东征润州路往北约一千米，有金山湖大舞台，常年水幕实景秀演出“白蛇传”故事，依托金山景区真山真水、真灯真路真景，一展“大舞美”磅礴气势，相当值得一看。

连环画

第二节 梁红玉击鼓战金军

南宋建炎三年（1129）二月，金军突入扬子桥，高宗闻讯“被甲驰幸镇江府”，军民仓皇跟从过江者无数，史称“建炎南渡”。高宗并没有在镇江多加停留，喘口气就一溜烟跑到杭州去了。是年秋，完颜宗弼，也就是世人所说的金兀术，率十万大军南下，一直打到宁波，宋军节节败退，高宗一度逃至海上避难。第二年，金军沿运河北撤，在镇江被扼守江口的宋军韩世忠部阻击，双方展开激战，这场激战就是历史上著名的宋金镇江之战。

韩世忠，字良臣，陕西绥德人，十八岁应募入本州乡兵，入伍后“挽强驰射，勇冠三军”，屡建战功，建炎三年时已领职御营左军都统、领武胜军节度使兼江浙制置使，成为宋朝重要将领之一。

这场大战《宋史》里有详细的记载，称“战将十合，梁夫人亲执桴鼓，金兵终不得渡。尽归所掠假道，不听；请以名马献，又不听。”说明金军还曾企图收买韩世忠，没有收到效果。后来金军被逼进黄天荡，围困四十八天，损失

韩世忠像

惨重而又一筹莫展。穷途末路之际悬重赏，得奸细告密，利用老灌河故道开渠逃至建康。后名将岳飞又在牛头山设伏，大败金军，金兀术退回江北，奔淮而返。

宋金镇江之战是南宋立国以来“中兴武功第一”之战，南宋局势逐步稳定，韩世忠也成为“中兴名将”，被擢为神武左军都统制，拜检校太保。在历史上，韩世忠自然是这场大战当仁不让的“第一主角”，然而在民间传说中，他的风头却被一位传奇女性给抢了过去，这位传奇女性就是他的夫人——“亲执桴鼓”的梁夫人梁红玉。

“梁红玉击鼓战金山”的故事流传极为广泛，根据康新民先生的收集整理，故事大致是这样的：

话说金兀术带领三十万金兵，一路烧杀抢掠，直奔京口杀将过来。

守卫京口的是南宋名将韩世忠和他的夫人梁红玉，一个勇猛善战，一个足智多谋。

这天，梁红玉陪着韩世忠到金山察看地势。那时候，金山还在江中间，两人站在金山顶上，望着滚滚长江。

韩世忠望着东边一片白茫茫的江面，说：“夫人，你看这江面如此宽阔，敌众我寡，很不易守。依我之见，不如把人马撤到下江，等将士增多，

韩世忠像

韩世忠镇江鏖兵（《说岳全传》以文居刻本）

再战不晚。”

梁红玉好像胸有成竹似地指着西边一片青翠翠的芦荡，说：“将军，你看这江边的芦荡，一望无际，不正是我们智取的有利地势吗？我们若先伏兵在芦荡里，然后将他诓了进来，就可打他个措手不及！尊意如何？”

韩世忠听了，心中大喜，说：“好！那我前去诱敌！”

“那我就在这山顶上给将军击鼓助威！”

“来他个真真假假！”

“弄他个实实虚虚！”

两人合计已定，随即把人马埋伏妥当。

梁夫人击鼓战金山（珍艺书局刊本《说岳全传》）

韩世忠率领战船，在瓜洲口扎好水寨。此时，江风阵阵，“韩”字帅旗迎风飘扬。

韩世忠站在楼船上面，朝西边江面望去，只见隐隐约约移来黑压压的一片，那就是金兀术带领的五百条战船。战船越来越近，梁红玉在金山妙高台上已看得清清楚楚了。她英姿飒爽，猛然击起战鼓。

韩世忠听到金山那面传来的一通鼓声，“咚！咚！咚！咚咚咚咚……”立即指挥水军，扯帆迎敌。顿时江面上刀光映日，杀声震天，两下一场恶战。没过一会，梁红玉在金山顶上，又敲起了二通鼓，“咚咚！咚咚咚咚！咚咚咚咚咚……”鼓声好像雷鸣一般。韩世忠听着鼓声，指挥战船，变化队形，且战且退，转眼间便隐进了青翠翠的芦荡里了。

金兀术一看，到嘴的肥肉，哪能放掉？连忙带着金兵跟在后面，紧紧追赶。

梁红玉站在金山顶上，看得一清二楚：金兀术已经中计，追进了芦荡。她随即把令旗一招，敲起三通鼓，“咚咚咚！咚咚咚！咚咚咚！咚咚咚咚咚……”随着震天动地的鼓声，只见芦荡

梁红玉

连环画

里事先埋伏好的战船，如同离弦的箭一般都飞了出来。

梁红玉平时十分注重操练水军，宋军个个都惯熟水性，有的钻进深水，用凿子把金兵的船底打通；有的拦住敌船，用火箭、火炮，猛轰金兵……一直打得烟雾腾腾，火光冲天。一个个金兵不是被火箭射伤，就是被火炮炸死；不是枪上死，就是刀下亡；没死的跳进长江，也被江水灌个半死不活了。金兀术三十万人马，一下被打死、淹死、打伤了一大半。

金兀术坐在一只特制的战船上，一看势头不对，就想溜，可是哪能由得他呢？梁红玉见他乘坐的船往哪里走，就怎么击鼓。韩世忠就随着鼓声，指挥战船追击。宋军只只战船好像都长了眼睛似的，金兀术的船溜到东，韩世忠的船追到东；金兀术的船溜到西，韩世忠的船追到西。追得金兀术一听到鼓声就吓得丧魂落魄，胆战心惊。

梁红玉击鼓战金山，江面上鼓声伴着江涛声，好似轰雷。宋军士气大振，越战越勇猛，一直把金兀术围困在芦荡里七七四十九天，差点把他生擒活捉了。直到现在，人们站在金山顶上，好像还能听到那“咚咚咚”的战鼓声呢！

后来，由于奸细走漏风声和韩世忠的大意，金兀术指挥金兵日夜挖河，凿通了早已淤塞的老灌河，突破防线，逃遁而走。梁红玉深明大义，责怪夫君麻痹大意防守不力，还亲自上书朝廷请罪。梁红玉的英勇善战和不徇私情，代代传为佳话。

应该说，这个传说故事的梗概是基于史实的，除了《宋史》中有“梁夫人亲执桴鼓”的记载外，宋人笔记《鹤林玉露》也记载道：

“韩蕲王之夫人，京口娼也。尝五更入府伺候贺朔，忽于庙柱下见一虎卧，鼻息齁齁然。惊骇亟走，出不敢言。已而人至者众，复往视之，乃一卒也。因蹴之起，问其姓名，为韩世忠。心异之，密告其母，谓此卒非凡人。乃邀至其家，具酒食，卜夜尽欢。深相结纳，资以金帛，约为夫妇。蕲王后立殊功，为中兴名将，遂封杨国夫人。蕲王尝邀兀术于黄天荡，几成擒矣，一夕凿河遁去。夫人奏疏，言世忠失机纵敌，乞加罪责，举朝为之动色。其明智英伟如此。”

梁红玉像

中兴四将图（左下为韩世忠）

这则笔记除了记载了大战金兀术外，还说了一个颇具浪漫甚至带有神话色彩的故事，梁红玉遇到了坐在过廊下打瞌睡的韩世忠，恍惚中看成一只黑虎，以为异人，便许下了终身，也是美谈。

梁红玉原籍池州，祖父与父亲都是武将出身。梁红玉自幼随侍父兄，练就了一身功夫。

宋徽宗宣和二年方腊起义，祖父和父亲因贻误战机被杀，梁红玉也沦落为京口营妓。与韩世忠结为夫妻后，二人南征北战，立下了赫赫战功。绍兴五年，梁红玉战死沙场，朝廷闻讯大加吊唁，诏赐银帛五百匹两，追封“英烈杨国夫人”，并立祠祭之。《英烈夫人祠记》曰：“娼优异数也。以卑贱待罪之躯，而得慧眼识人之明。更纵横天下，争锋江淮，收豪杰，揽英雄，内平叛逆，外御强仇，挽狂澜于既倒，扶大厦于将倾，古今女子，唯此一人也。惜乎天不假年，死于非命。然青史斑斑，名节永垂。”

第三节　马娘独造金山寺

金山寺历史悠久，历经数次毁建，前文都有所叙述。但在民间传说里，却还有另一个令人感动、感伤的故事——“马娘独造金山寺”。根据已故江苏大学副教授、民间文艺学家王骧先生的收集整理，故事大致是这样的：

唐朝的时候，金山还矗立在大江中心。那时候，山上长满了野草杂树，荒得很。山上有一座破庙，里面供奉着一尊泥菩萨，香火不盛，冷冷清清。

一天，长江里陡然刮起一阵大风，卷来的浪头足有丈把高，江心里大大小小的船只，来得及的躲进了河港，来不及躲避的，被风浪打翻。有条大船直冲到金山脚下，被一块礁石搁住了。在岸上避风的一群渔民，听到呼救声，一个个奋不顾身，泅水前去，将船老大一家和一位上南海普陀朝山进香的女香客都救上了岸，送到山上的破庙里休息。

这个女香客是江北一个盐商的老婆，丈夫姓马，已经去世，人家都叫她“马娘”。她一生信佛，是不少寺庙的施主，她认为这次大难不死，是菩萨显灵保佑，于是在神案前许了愿，要在

马家荡

金山盖座像样的庙宇。

隔不多时，马娘就带了很多钱又上金山踏勘庙址，准备动工兴建。山在江中心，要建一座大庙谈何容易？不说所有砖瓦木料得从岸上运过来，就连泥土也要靠外面供应。金山靠近南岸，马娘就到镇江城购办材料。

镇江城里的老百姓，听说有人要在金山建座大庙，都很高兴。因为有了这座庙，江南的风景就更出色了；以后游金山，也就有了个更好的去处。镇江的官绅呢，偏偏不赞成这件事。他们说："金山嘛，属于江南地段，怎么能让江北人来建庙呢？何况又是个寡妇！"

马娘去拜访镇江官绅，请他们赞助建庙的事。官绅们冷笑几声说："我们早就想在金山建庙，工程巨大，至今还没有筹足款项，你马娘有多大的家当，敢说这样的大话！"马娘听了这些冷言冷语，冒火了："莫要看不起人，我一定不靠你们，独自把庙造成。"

"好！你就独造吧，不过不许你动用我们江南一块泥巴！"官绅们也赌起气来。

"好，我既然发誓独造，就绝不动用江南一抔土。"马娘气愤极了，起身就走。

镇江老百姓听到这个信息，对马娘说："不要跟这班老爷憋这口气，你是为镇江做好事，这班老爷倒跟你分什么江南江北，我们不跟你分。"于是，马娘把买来的大批砖瓦、木材、石灰等建筑材料，和在她家乡取的土，一船船运上金山。许多镇江老百姓也瞒着官绅，帮着备办一些材料。

修寺工程浩大，花钱如流水，马娘也渐渐支付不了。她先是变卖了田地房产，接着又变卖了玉簪金环首饰。一天一天，庙终于盖好了，金山也随着一天天变了样，马娘却愈来愈穷了。大雄宝殿建成的那天，马娘连一身整齐的衣服也卖去抵了工钱。她只落得衣衫褴褛，像个叫花子的模样。不知底细的人，怎么也不会相信她就是独建这座大庙的大施主。

新寺落成了，菩萨也装了金，寺宇规模宏大，把偌大的一座金山都包起来了。马娘山前山后看了一遍，松了一口气，说："功德圆满，阿弥陀佛！"

江南的那班官绅，本来不相信马娘能在金山独建寺庙，现在看已经建成，心中更加嫉妒，想了一条毒计。他们向朝廷奏了一本，说金山是灵山佛地，现在十方施主，集资建成一座大庙，请皇上御赐庙名，选派高僧前来住持。朝廷准奏，御赐“泽心寺”三字为庙名，并派来了新方丈，就是法海。

法海来到镇江，江南官绅都恭维巴结他，一起簇拥着他来接管金山寺。他们一进禅堂，就看见一个衣衫破烂的女人，正在焚香拜佛。这个女人，见有人进来，也不回避。法海顿时叫嚷起来：“呔！你是哪里的贫妇，敢来扰乱本寺？还不快滚出去！”

正在虔心拜佛的马娘，被法海的蛮喊乱叫气得七窍冒烟：“你们是什么人？这庙是我出钱修的，怎么要赶我出去？”

“哈！哈！哈！”法海大笑几声，“你这个叫花婆子，敢在我佛如来面前说谎，真是岂有此理！岂有此理！诸位都是这庙的施主，现在这个穷婆子口口声声说庙是她独建的，你们本地人总该知道个究竟，请讲讲明白。”官绅们马上七嘴八舌起来：“大法师，请息怒，这是江北著名的穷寡妇、疯婆子，说话疯疯癫癫，不能算数。请大法师不必跟她计较，赶她出庙就是了。”

一群凶奴恶仆，立刻动手把马娘轰出了庙门。

马娘先是一阵嚎哭，指着法海和官绅恶徒怒骂起来："你们这些良心喂了猪狗的坏东西！我认识你们！"又两手指着天空喊道："老天爷啊，你瞎了眼啦。佛菩萨啊，你也没有灵性。"马娘连哭带骂，奔到江边，双脚一蹬，向着白浪滔滔的一片洪流跳去。顷刻，就淹没在滚滚的江涛中了。

谈起马娘独造金山寺，老镇江人评论说：这个马娘啊，信佛信过头了，破家兴庙，落了个被赶出山门、投江自尽的结果，真是可怜。但她到底靠着众人扶持，建成了金山寺，替万里长江增色，功劳也不能抹掉。

"马娘独造金山寺"的故事不仅在镇江流传

马家荡

很广，在扬州、兴化、淮安一带也广为流传，“马娘独造金山寺，不用江南一抔泥”成了当地一句俗语。传说马娘是淮安“马家荡”人，马家荡就是造金山寺时要用泥土而挖出来的湖荡。在故事中，老百姓又拉出法海和尚当做反派人物的代表，也可从一个侧面再次说明“白蛇传”的巨大影响力。

第四节　金焦二山一担挑

关于金山来历，民间也流传有一个故事，说金焦二山都是古代一个神人一担挑来的，这个神人就是沉香。根据镇江市文化馆退休干部汪信正先生的收集整理，故事大致是这样的：

沉香的母亲是二郎神杨戬的妹妹。有一年，西天王母娘娘过寿的那一天，二郎神与上八洞、下八洞各路神仙，一齐去赴蟠桃盛会。吃过寿酒，众仙各散。二郎神和八仙一路走出南天门。走在最前面的是拐仙铁拐李；紧紧跟随在后的是飘着五绺长须、身背斩黄龙利剑的吕洞宾；韩湘子今天特别高兴，倒拔出紫金箫想吹奏一曲；可笑的是张果老，不是吃醉了寿酒，就是老糊涂了，竟倒骑在毛驴背上，走起来身子一颠一颠的；在他旁边走的是骨骼清奇的何仙姑。

二郎神看张果老跟何仙姑头靠头地叽叽咕咕，又掉头看看他，又捂着嘴笑笑，心里很不高兴。他紧走几步，竖起耳朵，听出何仙姑跟张果老谈的是他的妹妹三圣母“跟了凡人”的事情，脸一直红到耳朵根子，说不出话来。一气之下，他就把三圣母打到阴山脚下，永世不许出来。

后来，三圣母在阴山生了沉香。沉香长大

焦山

连环画

后当然来营救母亲，二郎神不准，一言不合，两人便打了起来。二郎神本领高强，沉香从小得异人传授，也学了许多法术。他们斗了三天，胜负难分。

两个人斗来斗去，忽然一阵腥风吹过，二郎神变成一只摇头摆尾的猛虎，向沉香扑了过来。沉香就地一滚，变成了顶盔贯甲的神射手李广，拈弓搭箭，只一箭，便射中老虎左眼。他再在虎皮囊里抽第二支箭的时候，二郎神又变成一条怪异的大蟒蛇，蛇有九个头，个个张牙露齿，伸出的信子总有几尺长。沉香看了，不慌不忙，乘风纵上半空，变成一只九头怪鸟，浑身的羽毛雪白晶亮，九张长嘴跟仙鹤的长嘴一个样子，又细又尖，锋利得就像九把快刀，对准大蟒蛇七寸一刺，用力一撕，就是九个口子，血从空中滴滴地洒下来，好像下的一阵雷暴雨。

二郎神心里慌了，最后变成了一条大船，停在江中间，足有几里路长。这只船的船头和船尾一样大，都是矮矮的，就像两只大木排。船身是狭长条子，一点不显眼，所以混在许多船只中间，要找它还真不容易呢！

哪知沉香有心眼呢，他变成一只水鸟，展翅飞在半空，四处察看，很快看出了破绽。原来江里每条船上都有人，二郎神变的船上，空空如也，连个影子也没有。于是他肩挑两座大山，一座是金山、一座是焦山。这个神将把两座大

八仙过海图

"沉香劈山救母"连环画

山从半空中向船上一扔，一在船头、一在船尾，落在船上，船便慢慢地沉下江了。

所以金、焦二山，古代都在江中间的。沉香扁担头戳出来的洞，金山的是法海洞，焦山的就是焦公洞。

"沉香救母"也是我国著名的民间传说，华山西峰顶上有一块十余丈长的巨石，齐茬茬地被截成三节，巨石旁边插着一把七尺高、三百多斤重的月牙铁斧，巨石叫"斧劈石"，铁斧叫"开山斧"，相传就是当年沉香劈山救母的地方。金山这个故事较为明显地杂糅了"二郎神担山赶太阳"、"八仙赴蟠桃盛会，路上讥讽二郎神"

等神话故事和传说桥段，从而引出一段神人斗法的故事。上世纪80年代，江苏美术出版社还出过一本《金焦二山一担挑》的连环画，印制精美，可找来一看。

金山